ISMAHIL TCHAGBELE

L'IA et l'Automatisation 4.0 : Par où commencer ?

<u>Pour télécharger la version numérique , veuillez scanner le QR Code :</u>

Contents

1

L'IA et l'Automatisation 4.0

Par où commencer ?

Version 1

2

Dédicaces

C e livre est dédié à celles et ceux qui, chaque jour, ouvrent des portes et brisent des barrières.

Aux femmes et hommes qui font avancer la technologie et l'entrepreneuriat, aux minorités visibles qui évoluent avec audace dans le monde des affaires, aux entrepreneurs et gestionnaires du monde entier. Que ce livre soit pour vous un outil précieux dans un monde en perpétuelle mutation, où s'adapter est la clé.

À ma famille, sans qui rien n'aurait été possible.

À ma mère, pour son amour et son soutien inconditionnels. À mon père, à mes sœurs Khadi, Marie-Louis et Houda, à mes frères Ibrahim et Malik – vous êtes ma force, mon ancrage et mon inspiration.

À mes compagnons de route, frères et sœurs de cœur, que le destin a placés sur mon chemin.

Moussa S., Dave, Lemissa, Yanice, Chi, Hanane, Zidane, Souhil,Oussama, Akoko, Celia, Imen, et tant d'autres dont les noms résonnent dans mon cœur. Vous avez illuminé mon parcours et enrichi mon voyage. À toutes les amitiés, visibles ou discrètes, aux présences furtives mais marquantes – votre soutien, même éphémère, a laissé une empreinte indélébile.

À mon ancien parrain, Francis, qui m'a montré que croire en soi est une force inébranlable.

À celles et ceux qui ont cru en moi, en Triumva,et Triumva-Healthcare .

Merci à nos collaborateurs, nos contractants, et à tous ceux qui ont soutenu nos projets.Un merci sincère à Pierre, Brian, Olivia, Ives, Julien, Steph, et bien d'autres – votre confiance et votre engagement sont notre moteur. Le chemin est encore long, mais sans vous, nous n'aurions pas franchi ces premières étapes.

Enfin, ce livre est dédié à ceux qui, par leur dévouement, rendent le monde meilleur.

À ceux qui luttent contre le cancer, aux pompiers, ambulanciers, enseignants, et à toutes les personnes engagées pour des causes nobles et justes. Vous êtes les véritables piliers de notre société, ceux qui œuvrent dans l'ombre pour le bien de tous.

Je dédie ce livre à vous toutes et tous.

3

Préface

Pourquoi ce livre ?

L'intelligence artificielle, ou IA, est au centre des discussions, que ce soit dans les domaines technologiques ou économiques. Son influence ne cesse de grandir, et il est aujourd'hui difficile d'ignorer son impact dans presque tous les secteurs. Malgré tout ce qu'on peut lire ou entendre sur le sujet, il reste un besoin essentiel : un guide pratique qui aide réellement les entreprises et les dirigeants à intégrer l'IA de manière efficace et réfléchie. C'est pour cette raison que ce livre existe.

Il ne s'agit pas simplement de mes idées personnelles. Ce livre découle d'un sérieux travail de recherche et d'échanges avec des experts, des startups innovantes, et des entrepreneurs passionnés. Ensemble, nous partageons une vision commune : celle de l'IA comme un outil puissant, mais qui doit être utilisé avec soin et discernement. Ce n'est pas ici une glorification de la technologie, mais bien un guide conçu pour vous aider à comprendre comment l'IA peut être bénéfique à vos activités, tout en évitant les erreurs fréquentes.

L'IA, lorsqu'elle est bien employée, peut nous permettre de résoudre des problèmes complexes et d'ouvrir de nouvelles perspectives. Elle ne transforme pas seulement les entreprises, mais elle peut aussi avoir un impact direct sur nos vies quotidiennes. Je suis convaincu qu'elle peut jouer un rôle clé dans la construction d'un avenir meilleur et laisser un héritage positif pour les générations futures.

Cependant, l'adoption de l'IA ne doit pas se faire à la légère. Ce livre vous aidera à naviguer à travers les succès et les innovations qu'elle permet, mais aussi à éviter les pièges potentiels. L'innovation pour le simple plaisir d'innover n'a pas de sens ; ce qui compte, c'est l'innovation qui apporte des solutions concrètes et améliore vraiment les processus existants. À travers ces pages, vous découvrirez non seulement des systèmes qui fonctionnent, mais aussi des erreurs à ne pas commettre.

Un aspect souvent négligé,pourtant essentiel dans la réussite de l'implémentation de l'IA, est la culture d'entreprise. Trop souvent, l'accent est mis sur les technologies elles-mêmes, sans prendre en compte l'adaptation des collaborateurs et l'environnement organisationnel. Or, pour maximiser le potentiel de l'IA, il est primordial de cultiver une culture d'entreprise favorable à l'innovation, à l'apprentissage continu, et à la collaboration entre les équipes. C'est ce cadre culturel qui permet d'embrasser pleinement l'IA, de renforcer l'engagement des employés et de soutenir une transition fluide. La culture d'entreprise devient ainsi un catalyseur indispensable au succès de toute stratégie d'IA.

L'idée que l'IA va remplacer des emplois est souvent évoquée, ce qui soulève des inquiétudes. Mais au lieu de voir cela comme une menace, je vous invite à percevoir cette technologie comme une opportunité. L'IA peut optimiser les processus, augmenter la productivité et rendre les organisations plus performantes. Ce livre vous accompagnera dans la découverte de ces opportunités, tout en soulignant les limites de la technologie.

Nous vivons dans une époque où l'IA progresse à une vitesse impressionnante. Ce qui prenait autrefois des heures, voire des jours, peut maintenant être fait en quelques minutes, voire en quelques secondes. Cette avancée rapide continue d'impacter de nombreux secteurs.

Toutefois, cette évolution fulgurante amène aussi des questions importantes. Comment cette technologie va-t-elle influencer notre avenir ? Il est indispensable de se poser ces questions dès maintenant. Si les gouvernements et les grandes entreprises tardent à établir une approche globale pour encadrer l'IA, nous devons commencer à l'utiliser pour répondre à des enjeux critiques, comme la lutte contre le cancer ou l'amélioration de la productivité.

Je me souviens d'un échange marquant avec un entrepreneur qui avait récemment implémenté une solution d'IA pour la gestion des ressources humaines. Il m'a dit : « Si j'avais su dès le début que l'IA seule n'allait pas suffir, j'aurais agi différemment. » Cette phrase résume bien l'essence de ce livre : l'IA n'est pas une solution miracle, mais un outil puissant, à condition de savoir l'utiliser correctement.

Lire, c'est une chose. Appliquer ce qu'on apprend en est une autre. Mon objectif est de vous accompagner dans cette démarche.

4

À propos de l'auteur

I smahil Tchagbele est un entrepreneur dans le domaine de l'intelligence artificielle (IA) et en développement de logiciel. Fondateur de **Triumva**, une entreprise spécialisée dans le développement de modèles d'IA, l'automatisation par l'IA, et la création de logiciels et d'applications mobiles, il se consacre à l'intégration des technologies avancées dans divers secteurs pour améliorer l'efficacité et la productivité des processus.

Ismahil est titulaire d'un **MBA en administration des affaires**, d'un diplôme en **ingénierie d'intelligence artificielle délivré par IBM**, ainsi que des certifications en **développement fullstack** et **développement d'applications mobiles** par **Meta**. Son expertise lui permet de naviguer avec aisance dans le domaine complexe des technologies émergentes et d'aider les entreprises à tirer parti du potentiel immense de l'IA.

Il est également le fondateur de **Triumva Healthcare**, dont la mission est d'exploiter la puissance de la technologie pour améliorer les services de santé et contribuer à un monde meilleur.

Ismahil participe souvent à des événements technologiques mondiaux dont **VivaTech** , **Santé-Expo** et **Collision**. Lors de ces conférences, il a la chance d'échanger avec des **CEO**, des **gestionnaires** et des **développeurs** sur les dernières innovations en IA et en automatisation.

À travers son entreprise et ses initiatives, Ismahil Tchagbele se positionne comme une personne ressource dans l'implémentation des technologies IA, cherchant à maximiser leur impact dans des secteurs aussi variés que la santé et la gestion des ressources. Son engagement dans l'innovation et sa passion pour l'IA le motivent à partager ses connaissances à travers ce livre, destiné à guider les gestionnaires et entrepreneurs dans leur propre parcours vers l'adoption de l'IA et de l'automatisation.

LinkedIn: https://www.linkedin.com/in/ismahil-doboya-tchagbele/

5

Questions:

Avez-vous déjà réfléchi à comment certaines entreprises transforment des montagnes de données en décisions stratégiques qui génèrent des millions en profits ?

Comment une startup peut-elle, grâce à l'intelligence artificielle, devancer des concurrents établis et redéfinir les règles du marché ?

Que diriez-vous d'une technologie qui pourrait réduire de moitié les délais de réponse aux crises humanitaires, aidant ainsi des millions de personnes en détresse ?

Comment l'intelligence artificielle pourrait-elle aider les gouvernements à anticiper et prévenir les catastrophes naturelles, économisant ainsi des milliards de dollars ?

Avez-vous déjà envisagé comment l'IA pourrait nous aider à trouver des solutions durables aux défis environnementaux mondiaux et garantir un avenir meilleur pour nos enfants ?

Comment une entreprise peut-elle améliorer l'expérience client de façon exponentielle tout en réduisant ses coûts opérationnels grâce à des systèmes d'IA bien conçus ?

L'intelligence artificielle pourrait-elle vraiment nous permettre de construire une société plus inclusive et équitable ?

6

À qui ce livre est destiné ?

C e livre s'adresse principalement aux **entrepreneurs** et aux **gestionnaires d'entreprises**, qu'ils soient dans le secteur privé ou public. Cependant, il est conçu pour être accessible à toute personne intéressée par l'intégration de l'intelligence artificielle (IA) dans leurs processus métier ou leur gestion quotidienne. Voici quelques profils spécifiques qui tireront le meilleur parti de cet ouvrage :

1. **Entrepreneurs et gestionnaires d'entreprises :** Que vous soyez à la tête d'une petite startup ou d'une grande entreprise, ce livre vous aidera à comprendre comment l'intelligence artificielle peut être utilisée pour optimiser vos opérations, augmenter votre productivité et développer votre activité. Nous vous montrerons comment des entreprises de renom ont intégré l'IA pour transformer leurs modèles d'affaires, ainsi que des cas concrets de réussites et d'échecs afin que vous puissiez tirer des leçons applicables à vos propres projets.

2. **Gestionnaires dans les secteurs privé et public :** Les gestionnaires, qu'ils travaillent dans une entreprise privée ou dans des services publics, trouveront dans ce livre des outils pratiques pour améliorer la gestion des ressources, la prise de décision, et les processus internes. Alors que le secteur public adopte de plus en plus les pratiques de gestion du secteur privé, ce guide leur sera également d'une grande utilité.

Nous abordons l'IA non seulement dans le cadre de l'optimisation des services, mais aussi dans la résolution de problèmes pressants de la société, tels que la gestion des services publics, l'accès à l'éducation ou la santé.

3. **Responsables de l'innovation et de la transformation digitale :** Ce livre est un outil précieux pour les responsables de l'innovation, de la transformation numérique ou des technologies de l'information, qui souhaitent mettre en œuvre des stratégies d'IA efficaces. Il vous aidera à comprendre comment évaluer les opportunités offertes par l'intelligence artificielle, choisir les bons outils, et garantir une intégration fluide au sein de votre organisation.

4. **Leaders du secteur technologique :** Les leaders technologiques qui cherchent à rester compétitifs dans un marché en constante évolution doivent non seulement comprendre l'IA, mais aussi savoir comment l'appliquer pour innover et devancer la concurrence. Ce livre vous fournira une vision claire des technologies émergentes et des applications pratiques de l'IA dans différents secteurs.

5. **Étudiants et chercheurs :** Même si ce livre est principalement destiné aux professionnels, il peut également intéresser les étudiants et les chercheurs qui veulent mieux comprendre les applications pratiques de l'intelligence artificielle dans le monde des affaires. Ils y trouveront des exemples concrets, des études de cas et des stratégies d'intégration qu'ils pourront utiliser pour approfondir leurs connaissances.

Ce livre n'est pas simplement une introduction théorique à l'IA. Il a été conçu comme un guide pratique pour tous ceux qui souhaitent non seulement comprendre l'intelligence artificielle, mais aussi l'appliquer efficacement dans leur travail et dans leurs organisations. Il est une ressource précieuse pour toute personne cherchant à rester compétitive dans un monde où l'IA transforme rapidement la manière dont nous vivons et travaillons.

Pourquoi ce livre sera utile ?

Des exemples concrets et des études de cas

Nous passerons en revue des exemples de grandes entreprises ayant intégré l'IA avec succès, les décisions stratégiques qu'elles ont prises et les résultats impressionnants obtenus.

Leçons tirées des échecs

Pour vous éviter des erreurs coûteuses, nous aborderons aussi les échecs de certaines entreprises qui n'ont pas su bien gérer leur transition vers l'IA. Il est crucial de comprendre pourquoi certaines initiatives échouent afin d'éviter les mêmes erreurs dans votre propre organisation.

Un guide sur l'IA et l'automatisation

Ce livre est conçu pour vous offrir une vue d'ensemble sur l'intelligence artificielle et l'automatisation. Vous découvrirez comment ces technologies peuvent vous aider à optimiser les tâches répétitives, libérer du temps pour des missions plus importantes et rendre votre organisation plus agile et performante.

À la fin de ce livre, vous serez capable de :

- Former vos équipes aux principes de base de l'IA.
- Prendre des initiatives pour améliorer la performance, la productivité et la rentabilité de votre entreprise.
- Automatiser les tâches répétitives, ce qui augmentera la motivation de vos employés et rendra le travail plus intéressant.

Saviez-vous que maîtriser l'IA pourrait non seulement booster la productivité, mais aussi considérablement améliorer la satisfaction de vos équipes ? En vous concentrant sur ce qui a de la valeur et en déléguant les tâches répétitives à des systèmes automatisés, vous pourriez non seulement transformer votre entreprise, mais aussi créer un environnement de travail plus dynamique et motivant.

7

Comprendre l'Intelligence Artificielle

Définition et explication

L'intelligence artificielle est souvent confondue avec d'autres concepts comme le machine learning. Il est essentiel de comprendre la différence. En résumé, l'IA désigne la capacité des machines à accomplir des tâches nécessitant normalement une intelligence humaine, comme reconnaître des images, traiter des langues ou prendre des décisions complexes.

Le machine learning, lui, est une sous-discipline de l'IA. Il regroupe des algorithmes qui permettent aux machines d'apprendre à partir de données et de s'améliorer au fil du temps. Comme le dit un auteur avec une touche d'humour : « Si c'est sur PowerPoint, c'est de l'IA ; si c'est en Python, c'est du machine learning. » Cette distinction est cruciale pour comprendre l'écosystème de l'intelligence artificielle.

Quand une application commence à interagir avec son environnement et à réaliser des tâches de manière autonome, on parle d'IA. Derrière chaque application d'IA se cachent des algorithmes (souvent écrits en Python) de machine learning. Si vous comprenez cela, vous avez déjà acquis une base solide.

Quelques définitions clés :

- **Intelligence Artificielle (IA)** : Technologie permettant aux machines de simuler l'intelligence humaine pour accomplir des tâches variées, comme la perception, le raisonnement ou l'apprentissage. Elle inclut le machine learning, le traitement du langage naturel, et bien d'autres systèmes.(Russell, S., & Norvig, P. (2016). *Artificial Intelligence: A Modern Approach* (3rd ed.). Pearson.)
- **Machine Learning** : Technique d'IA permettant aux systèmes d'apprendre et de s'améliorer à partir de données, sans avoir besoin d'être reprogrammés pour chaque tâche.(Goodfellow, I., Bengio, Y., & Courville, A. (2016). *Deep Learning*. MIT Press.)
- **Modèles d'Intelligence Artificielle** : Représentations mathématiques utilisées pour prédire ou automatiser des tâches spécifiques, continuellement optimisées grâce aux nouvelles données.(Bishop, C. M. (2006). *Pattern Recognition and Machine Learning*. Springer.)
- **Agent d'IA** : Entité autonome qui peut percevoir son environnement2 et agir en fonction des informations reçues. Ces agents sont utilisés dans des domaines comme la prise de décision en temps réel.(Wooldridge, M. (2009). *An Introduction to MultiAgent Systems* (2nd ed.). Wiley.)
- **Automatisation** : Utilisation de technologies pour accomplir des tâches sans intervention humaine. L'IA renforce souvent l'automatisation en permettant aux systèmes de prendre des décisions complexes.(Davenport, T. H., & Kirby, J. (2016). *Only Humans Need Apply: Winners and Losers in the Age of Smart Machines*. Harper Business.)
- **RPA (Robotic Process Automation)** : Forme d'automatisation qui utilise des logiciels pour accomplir des tâches répétitives. Le RPA peut être associé à l'IA pour rendre les processus encore plus intelligents.(Avasarala, V. (2017). *Robotic Process Automation and Cognitive Automation: The Next Phase*. Wiley.)

Différences entre ces concepts

Même s'ils sont parfois utilisés de manière interchangeable, l'IA, le machine learning, l'automatisation et le RPA désignent des réalités distinctes. Par exemple, le machine learning permet à une machine d'apprendre et de s'améliorer, tandis que l'automatisation vise des tâches spécifiques sans prise de décision complexe.

L'IA regroupe ces technologies et bien d'autres, avec l'objectif de rendre les machines capables de raisonner et de résoudre des problèmes complexes.

Faut-il réglementer la conception des programmes d'IA ?

Dans les débats actuels, cette question revient souvent : faut-il réguler la conception et l'usage de l'intelligence artificielle ? Il n'y a pas de réponse simple, mais une chose est sûre : il faut aborder ce sujet avec prudence.

Comme d'autres technologies, l'IA peut être utilisée pour le meilleur ou pour le pire. L'interdire serait aussi illogique que de vouloir interdire les couteaux. Un couteau peut servir en cuisine ou lors d'opérations chirurgicales, mais peut aussi être mal utilisé. Le plus important, c'est de réguler son usage, pas la technologie elle-même.

Si des règles devaient être établies, elles devraient se concentrer sur trois points essentiels : la prévisibilité des résultats, la sécurité par rapport à une prise de contrôle externe, et l'intention derrière la conception des programmes d'IA. Ce n'est pas le progrès qui doit être stoppé, mais la manière dont les résultats sont gérés doit être transparente, protégé, et clairement définie.

Des exemples pratiques pour comprendre l'intelligence artificielle

L'intelligence artificielle, ou IA, n'est pas apparue hier. Elle existe depuis des décennies, mais c'est aujourd'hui qu'elle révèle vraiment tout son potentiel. Des technologies qui semblaient encore relever de la science-fiction, comme les voitures qui se conduisent toutes seules ou les robots capables de nous assister dans des tâches ménagères, sont désormais bien réelles. L'IA, associée aux objets connectés, transforme nos vies et révolutionne le fonctionnement des entreprises.

Ce qui rend l'IA particulièrement fascinante, c'est sa capacité à apprendre rapidement et à accomplir des tâches à une vitesse inimaginable pour l'humain. Prenons l'exemple du secteur bancaire : l'IA peut analyser des milliers de transactions en un clin d'œil tout en détectant des anomalies qui pourraient signaler une fraude.

Prenons le cas de Mastercard, qui utilise l'IA pour surveiller en temps réel des millions de transactions dans le monde entier. En quelques millisecondes, des algorithmes passent en revue chaque transaction pour détecter d'éventuels comportements suspects, sans perturber le traitement des paiements légitimes. En 2021, la fraude sur les cartes de crédit a coûté plus de 32 milliards de dollars à l'échelle mondiale [1]. Pourtant, grâce à des systèmes comme ceux de Mastercard, ces pertes sont en grande partie contenues.

L'IA ne se limite pas à la détection des fraudes. Elle accélère également la résolution des incidents, ce qui permet aux entreprises de minimiser leurs pertes financières.

Un autre exemple est celui d'UPS, un des géants de la livraison. Grâce à l'intelligence artificielle, l'entreprise a mis en place un système appelé "DeliveryDefense" pour analyser des données historiques et évaluer les risques de vol de colis. En attribuant une note de risque aux adresses de livraison, UPS redirige les colis à risque vers des points plus sûrs. Cela a non seulement permis de réduire les vols, mais aussi les coûts associés à ces incidents[2].

Dans un tout autre secteur, celui de l'énergie, l'entreprise E.ON Grid Solutions a recours à l'IA pour surveiller en temps réel la consommation électrique de ses millions de clients. En optimisant la gestion des ressources grâce à des outils d'analyse sophistiqués, elle parvient à réduire ses coûts tout en répondant plus efficacement aux fluctuations de la demande.[3;4]

Ces exemples illustrent bien la manière dont l'IA, combinée à d'autres technologies comme l'IoT ou la robotique, permet aux entreprises d'automatiser des processus complexes, de gagner en efficacité et de réduire leurs coûts. Qu'il s'agisse de détecter des fraudes dans le secteur bancaire ou d'optimiser la logistique, l'IA joue un rôle clé dans l'évolution des entreprises aujourd'hui.

Contexte

L'intelligence artificielle (IA) est en train de transformer la manière dont les organisations fonctionnent, en particulier en automatisant des tâches qui, jusqu'à récemment, nécessitent une intervention humaine. L'IA se concentre principalement sur l'automatisation des tâches basées sur les données, l'analyse, et la prise de décision. Des domaines comme l'enseignement, la programmation, le droit, la comptabilité, et le service à la clientèle sont désormais en mesure de tirer parti des modèles d'IA capables d'exécuter des tâches répétitives et complexes, auparavant réservées à l'humain.

Il est fascinant de constater que, contrairement à la révolution industrielle des années 1760 à 1840, qui a principalement touché les ouvriers, la révolution 4.0 et ''la révolution de l'intelligence artificielle'' semble de nos jours toucher aussi les **employés de bureau**. Ceux qui passent leurs journées devant des écrans d'ordinateurs sont désormais aussi concernés par cette vague d'automatisation.

Les humains ont tendance à se concentrer sur des processus standardisés et à utiliser leurs facultés sensorielles comme l'écoute, le toucher, la vue et l'odorat pour accomplir leurs tâches. Mais aujourd'hui, grâce à l'IA, des programmes de machine learning sont capables de détecter des anomalies, de prendre des décisions basées sur des données, et même de percevoir des émotions. En combinant ces capacités, nous sommes désormais en mesure de créer des IA capables d'exécuter des tâches humaines à une vitesse et une précision bien supérieures.

L'IA offre également la possibilité d'avoir une **équipe virtuelle de travailleurs infatigables**. Imaginez que chaque membre de votre équipe soit soutenu par 7 agents d'IA, chacun automatisant des tâches répétitives et à faible valeur ajoutée. Cela donnerait à votre équipe des **superpouvoirs**, leur permettant de se concentrer sur les tâches les plus importantes et les plus stimulantes. Ce type de transformation augmenterait la productivité de manière significative et améliorerait la qualité du travail.

L'IA pour Augmenter la Satisfaction et la Productivité

En tant que gestionnaire, il est de votre responsabilité de veiller au bien-être de vos collaborateurs. L'IA peut devenir un allié précieux dans cette mission. Imaginez avoir une conversation avec chaque membre de votre équipe pour identifier les tâches qu'ils n'aiment pas faire. Ensuite, imaginez que vous puissiez automatiser ces tâches grâce à l'IA. Le résultat ? Une équipe plus satisfaite et plus motivée, sachant qu'elle ne se concentre que sur des tâches à haute valeur ajoutée, ce qui non seulement **augmente la productivité**, mais améliore aussi l'ambiance générale de travail.2

Un Gain de Productivité Incroyable

L'intelligence artificielle a la capacité d'analyser des milliers de données en quelques secondes et d'exécuter des tâches rapidement et efficacement. Prenons un exemple simple : alors qu'une personne pourrait prendre plusieurs minutes pour lire un rapport ou analyser une situation, un programme d'IA pourrait faire la même tâche en quelques millisecondes. En combinant la puissance des capacités humaines et de l'intelligence artificielle, il est possible de créer des processus **automatisés, agiles, et uniques**, capables d'atteindre des objectifs avec une efficacité et une efficience accrues.

L'efficience (atteindre un objectif en utilisant moins de ressources) et l'efficacité (atteindre l'objectif avec succès sans se soucier de la quantité des ressources utilisées) sont deux éléments cruciaux pour les organisations modernes. Grâce à l'automatisation et à l'IA, les entreprises peuvent non seulement atteindre leurs objectifs plus rapidement, mais aussi avec moins de ressources, augmentant ainsi leur résilience et leur compétitivité dans un marché globalisé.

Les compétences et limites de l'intelligence artificielle

L'intelligence artificielle (IA) présente des compétences impressionnantes et polyvalentes qui ont transformé de nombreux secteurs, mais il est crucial de bien comprendre ses limites réelles. Voici un aperçu des capacités de l'IA ainsi que des défis et contraintes.

Compétences de l'IA

Polyvalence

L'IA est utilisée dans de nombreux domaines :

· **Finance** : Des banques comme **JPMorgan** utilisent l'IA pour détecter rapidement des fraudes en analysant des millions de transactions en temps réel.

- **Santé** : L'IA aide à diagnostiquer des maladies en analysant des images médicales, comme les systèmes qui détectent le cancer avec une grande précision en exploitant des ensembles massifs de données médicales.
- **Sécurité** : Des pays comme **Singapour** utilisent l'IA pour surveiller les espaces publics et détecter des comportements suspects, contribuant ainsi à améliorer la sécurité urbaine grâce à une surveillance en temps réel.
- **Éducation** : Des plateformes comme **Coursera** ou **Khan Academy** adaptent les cours en fonction des progrès des étudiants grâce à l'IA.

Disponibilité constante

L'IA fonctionne 24h/24, sans pause. Les chatbots, tels que ceux utilisés par **Amazon**, offrent des services à toute heure, répondant à des millions de demandes clients sans interruption.

Fiabilité

Si elle est alimentée par des données fiables, l'IA peut être extrêmement précise. Par exemple, **Google Translate** s'est considérablement amélioré grâce à des millions d'exemples de traductions, réduisant les erreurs et rendant les traductions plus accessibles à travers le monde.

Évolutivité

L'IA peut évoluer rapidement et s'adapter à de nouvelles tâches. **Tesla**, par exemple, a commencé avec l'assistance à la conduite sur autoroute et a élargi ses capacités à la conduite en ville, démontrant la flexibilité des systèmes d'IA.

Multilingue

L'IA peut fonctionner dans de nombreuses langues. Des assistants virtuels comme **Google Assistant** permettent d'interagir en différentes langues, facilitant les échanges dans un monde globalisé.

Sans frontières

L'IA est applicable partout, sans restriction géographique, tant que les systèmes sont compatibles. Un programme d'IA développé au Canada peut, par exemple, être utilisé en France sans modifications majeures.

Retour sur investissement

L'IA **peut** générer des économies considérables. **Coca-Cola**, par exemple, a optimisé sa chaîne d'approvisionnement en utilisant l'IA, économisant ainsi des millions de dollars. L'automatisation permet également de réduire les coûts salariaux dans des secteurs comme le service client.

Facilité d'utilisation

Les outils d'IA modernes s'accompagnent souvent de tableaux de bord conviviaux, comme **Power BI** ou **Tableau**, permettant aux gestionnaires de visualiser les données sans avoir besoin de compétences techniques approfondies.

Les Limites de l'IA

1. **Dépendance aux données:** L'IA ne fonctionne efficacement que si elle est alimentée par des données de qualité. Lorsque les données sont biaisées ou incomplètes, les résultats peuvent être inexacts. Par exemple, des systèmes de reconnaissance faciale ont montré des taux d'erreurs plus élevés pour certaines populations en raison de biais dans les données d'entraînement.

2. **Manque de compréhension contextuelle:** Même les systèmes d'IA les plus avancés manquent de la capacité de comprendre pleinement le contexte humain. Ils interprètent souvent les informations de manière littérale, ce qui peut entraîner des erreurs dans des situations où l'intuition humaine serait nécessaire pour prendre une décision nuancée.

3. **Absence de créativité humaine:** Bien que l'IA puisse traiter et analyser des informations à grande échelle, elle n'a pas la créativité émotionnelle et intuitive des humains. Par exemple, dans des domaines comme le design ou l'innovation, l'IA peut assister, mais ne peut pas remplacer la créativité humaine. Les décisions stratégiques complexes nécessitent encore une intervention humaine pour réussir. Je voudrais ajouter un point très important à ce sujet.

Bien que l'IA générative GenAI (comme GPT-4 ou DALL·E) puisse générer des œuvres créatives, elle le fait en se basant sur des schémas et des modèles préexistants issus de vastes ensembles de données. L'IA excelle dans la **recombinaison de données**, créant ainsi des œuvres nouvelles, mais elle ne possède pas la capacité créative d'un être humain, qui repose sur des émotions, des expériences personnelles et de l'intuition.Les entreprises comme **Forbes** et **MIT Technology Review** soulignent que bien que l'IA soit un **outil puissant pour assister** les créateurs, elle manque de la perspective humaine nécessaire pour **innover véritablement** .[5;6]

1. **Risques éthiques et de sécurité:** L'IA soulève également des défis éthiques et des préoccupations en matière de sécurité. L'utilisation de l'IA dans des systèmes de surveillance de masse ou des armes autonomes, par exemple, pose des questions importantes quant aux droits humains et à la protection de la vie privée.
2. **L'IA n'est pas parfaitement autonome:** Contrairement à certaines idées reçues, l'IA n'est pas entièrement autonome. Elle a besoin d'intervention humaine pour être programmée, supervisée et ajustée en continu. Par exemple, les systèmes de conduite autonome, tels que ceux de **Tesla**, nécessitent des mises à jour régulières basées sur des retours d'expérience et des changements environnementaux.
3. **Coûts d'implémentation:** L'IA représente un investissement initial important. Bien qu'elle permet des économies sur le long terme, l'implémentation et la maintenance peuvent exiger des ressources financières conséquentes. Les entreprises doivent donc soigneusement évaluer leur retour sur investissement avant de déployer ces technologies à grande échelle.

L'intelligence artificielle offre des avantages significatifs, mais elle présente aussi des limites. Elle ne remplace pas complètement l'intelligence humaine, en particulier dans les domaines où la créativité, l'intuition et le jugement humain sont essentiels.Vous pouvez faire un exercice simple , demander à Chatgpt combien de s y a t'ìl dans raspberry, et vous verrez que la réponse erronée dans la majoritée des cas. L'IA n'est pas forcement tout ce que vous croyez. Il est crucial pour les gestionnaires de comprendre ces contraintes afin d'exploiter pleinement les opportunités qu'offre l'IA, tout en évitant ses écueils.

Que pouvons-nous attendre du développement de l'intelligence artificielle ?

L'intelligence artificielle (IA) est devenue omniprésente dans notre quotidien, tant au niveau personnel que professionnel. Selon une enquête de Deloitte, 61 % des personnes interrogées utilisant un ordinateur intègrent déjà des programmes d'IA générative dans leur travail quotidien.[7]

De plus, une étude de Gartner indique que l'adoption de l'IA a augmenté de 270 % au cours des quatre dernières années, avec 37 % des organisations utilisant déjà l'IA sous une forme ou une autre.[8]

L'IA représente également un investissement rentable pour de nombreuses entreprises. Une enquête menée par Deloitte révèle que 54 % des entreprises ayant intégré l'IA ont constaté une réduction des coûts opérationnels.[9]

Cette adoption rapide démontre que de plus en plus d'entreprises considèrent l'IA comme un outil essentiel pour améliorer la productivité.

Les effets à long terme de l'IA

Les avancées technologiques telles que le deep learning, la robotique et l'Internet des objets (IoT) transforment profondément des secteurs comme la santé et la finance. Selon Precedence Research, le marché mondial de l'intelligence artificielle (IA) était évalué à 119,78 milliards de dollars en 2022 et devrait atteindre 1 597,1 milliards de dollars d'ici 2030, avec un taux de croissance annuel composé (CAGR) de 38,1 % entre 2022 et 2030.[10]

De plus, des startups comme Scale AI ont atteint une valorisation de près de 14 milliards de dollars en 2024, illustrant le potentiel de croissance rapide des entreprises dans le domaine de l'IA.[11]

Prévisions et chiffres clés

Le nombre de startups dans l'IA a été multiplié par 14 depuis 2000, et les investissements dans ce secteur ont été multipliés par 6 [12].Une étude de McKinsey révèle que l'adoption de l'IA a plus que doublé depuis 2017, se stabilisant entre 50 % et 60 % entre 2019 et 2022. De plus, 77 % des entreprises ont déjà adopté l'IA ou ont un plan d'adoption.[13]

L'adoption de l'IA va au-delà de l'automatisation des tâches. Aujourd'hui, elle aide aussi à prendre de meilleures décisions, à réduire l'impact environnemental des entreprises et à optimiser la gestion des ressources. Des entreprises comme Amazon et Tesla utilisent déjà l'IA pour automatiser leurs processus, augmenter leur efficacité et réduire leurs coûts.

8

Partie 1 : Ce que nous réserve l'IA dans le futur.

L'intelligence artificielle (IA) continue de susciter des inquiétudes parmi les travailleurs, en particulier en ce qui concerne l'automatisation des tâches et la perte d'emplois. Selon un sondage réalisé par Pew Research Center, 62 % des Américains estiment que l'IA aura un impact significatif sur les emplois dans les années à venir, mais seulement 28 % pensent qu'elle affectera directement leur poste 13;14 . Cependant, il est important de comprendre que l'IA peut être une opportunité pour améliorer l'efficacité et alléger les tâches répétitives, plutôt qu'une menace.

Dans une étude récente menée par **APA**, environ 38 % des travailleurs s'inquiètent que l'IA puisse rendre obsolètes certaines de leurs tâches [15].Il est donc naturel de se sentir préoccupé par ces changements. Cependant, au lieu de percevoir l'IA uniquement comme un outil qui remplace les humains, il est crucial de se demander comment elle peut être utilisée pour améliorer les processus et permettre aux employés de se concentrer sur des tâches à plus forte valeur ajoutée.

1.Le rôle croissant de l'IA dans les organisations

De nombreuses entreprises utilisent l'IA pour réduire les coûts opérationnels, augmenter la productivité, et améliorer l'efficacité globale. Par exemple, une étude menée par **Deloitte** révèle que les entreprises ayant adopté l'automatisation et l'IA ont constaté un retour sur investissement dans les 12 mois suivant leur mise en œuvre, avec une augmentation de la productivité pouvant atteindre 20 %[16]. De plus, **Pew Research Center** rapporte que la majorité des entreprises considèrent l'IA comme un levier stratégique pour faire face aux défis du marché et améliorer leur agilité organisationnelle[17].

2.Comment la nature des affaires a changé pendant ces dernières années ?

Le monde des affaires a changé de façon radicale au cours des dernières décennies, en particulier avec l'émergence de l'IA et de l'automatisation. Pour rester compétitives, les entreprises doivent non seulement adopter ces technologies, mais aussi former leurs équipes pour maximiser leur potentiel. Le marché mondial de l'IA est en pleine expansion, avec des prévisions atteignant des centaines de milliards de dollars dans les années à venir [18].

Pour illustrer cette transformation, une étude a comparé la profitabilité par employé des entreprises du classement **Fortune 500** ayant plus de 25 000 employés. Voici les chiffres :

Classement	Entreprise	Profit (en millions de dollars)	Nombre d'employés	Profit par employé
1	Facebook	18 485	44 942	411 308
2	Apple	55 256	137 000	403 328
3	Alphabet (Google)	34 343	118 899	288 842
4	Microsoft	39 240	144 000	272 500
5	AbbVie	7 882	30 000	262 733

(Reference : *Pascal Bornet et al*)

La plupart des entreprises figurant dans ce classement sont des **entreprises technologiques**, ce qui n'est pas surprenant, car elles exploitent au maximum la technologie et l'automatisation. Cette étude réalisée par **Pascal Bornet** et ses collaborateurs montre également une corrélation inverse intéressante : plus une entreprise est jeune, plus le profit par employé tend à être élevé. Cela pourrait indiquer que les entreprises récentes sont davantage en mesure de s'appuyer sur l'automatisation dès leur création, contrairement aux entreprises plus anciennes, dont les processus doivent être réorganisés à un coût souvent élevé.

3.L'importance de l'agilité dans un monde en mutation rapide

Aujourd'hui, le monde change rapidement. Les nouvelles technologies comme l'IA et l'automatisation créent un environnement où les entreprises doivent non seulement suivre les tendances, mais aussi être prêtes à adopter des changements technologiques pour rester compétitives. Les grandes entreprises, comme **Amazon** et **Tesla**, utilisent déjà des robots et des systèmes d'IA pour améliorer leurs opérations.

Pour les gestionnaires, il ne suffit plus d'avoir des compétences en gestion. Il est également nécessaire d'avoir une **agilité technologique** et de comprendre comment intégrer des technologies dans les processus pour réduire les coûts, améliorer la productivité, et renforcer leur position sur le marché.

L'intelligence artificielle est non seulement une solution technologique, mais aussi un catalyseur pour transformer la structure même des entreprises, en leur permettant de devenir plus **efficaces**, **productives**, et **profitable**.

S'adapter au rythme rapide du changement technologique

Le monde évolue à une vitesse incroyable. Pour rester compétitives, les entreprises et les individus doivent constamment se mettre à jour sur les nouvelles technologies, en particulier l'intelligence artificielle (IA). Ceux qui négligent ces avancées risquent de subir le même sort que Blackberry lors de l'avènement des smartphones : être dépassés. **Être agile** dans l'ère numérique n'est plus un choix, c'est une nécessité. Si vous ne maîtrisez pas encore ces technologies, il est crucial de discuter régulièrement avec vos collègues pour découvrir ce qu'ils ont appris à ce sujet et voir comment vous pouvez intégrer ces connaissances dans vos pratiques quotidiennes.

4.L'importance de la digitalisation et de l'IA pour rester compétitif

Aujourd'hui, la **digitalisation** est devenue un impératif pour toutes les grandes entreprises. Ce processus permet de créer des opportunités, mais il engendre également de l'incertitude. En effet, un concurrent mieux équipé en termes de technologies numériques et d'IA peut rapidement prendre des parts de marché. C'est pourquoi les entreprises qui intègrent des robots et des **programmes d'intelligence artificielle** dans leurs opérations réussissent à non seulement réduire leurs coûts, mais aussi à devenir plus agiles.

Être gestionnaire ou responsable dans cette ère numérique demande des compétences bien au-delà des simples habiletés de gestion. Il faut développer une **agilité technologique**, savoir comment intégrer l'IA dans les processus métiers et avoir un **leadership solide** pour guider les équipes dans ce changement.

5.Augmenter l'efficience grâce à l'IA

Pour les dirigeants d'aujourd'hui, les priorités sont multiples. Parmi elles : trouver de nouveaux marchés, développer des produits innovants et adopter les nouvelles tendances. L'IA peut jouer un rôle clé en tant que **copilote**, en aidant à augmenter la productivité tout en réduisant les coûts. Par le passé, les initiatives comme les systèmes ERP ou les services partagés prenaient des mois à déployer, avec un retour sur investissement (ROI) visible seulement après plusieurs années. Aujourd'hui, l'IA et l'automatisation permettent de **réduire ces délais** et d'obtenir des **ROI plus rapidement**, parfois en moins de 12 mois [19] .L'adoption de l'IA n'est pas seulement une tendance, elle devient une **stratégie incontournable** pour gagner en avantage concurrentiel et mieux se positionner sur le marché.

6.Devenir acteur de la transformation technologique

En tant que leader, il est essentiel de ne pas simplement observer l'adoption de l'IA de loin, mais de devenir un **acteur** dans cette transformation. Plusieurs études montrent que les entreprises qui prennent l'initiative d'intégrer l'IA et l'automatisation gagnent non seulement en efficacité, mais obtiennent aussi un avantage concurrentiel sur le marché [20, 21]. Ces statistiques ne sont pas là pour un examen, mais pour vous montrer la réalité du changement technologique.

En intégrant l'IA dans vos opérations, vous serez mieux préparé pour profiter pleinement des opportunités qu'elle offre.

9

Chapitre 1 : Éléments à Prendre en Considération Avant d'Adopter l'Automatisation par l'Intelligence Artificielle

L'intelligence artificielle (IA) est souvent perçue comme l'impératif pour améliorer l'efficacité et la productivité, il est crucial pour les gestionnaires de prendre du recul et d'évaluer soigneusement les implications de l'automatisation avant de plonger tête baissée dans cette tendance. L'adoption de l'IA ne doit pas être motivée par le simple désir de suivre la mode technologique, mais plutôt par une analyse approfondie des besoins spécifiques de l'entreprise et de ses capacités. Ce chapitre explore les éléments essentiels à considérer avant de décider d'automatiser un processus par l'intelligence artificielle, afin de garantir que cette transition apporte une réelle valeur ajoutée.

1. Évaluation de l'État Actuel et du Type d'Activité

Comprendre les Forces Relationnelles de l'Organisation

Avant de penser à automatiser, il est primordial de comprendre la nature de votre activité et les aspects qui font la force de votre organisation. Si votre entreprise tire sa valeur principalement de la qualité de ses relations humaines, comme c'est souvent le cas dans les secteurs des services à la clientèle, de la santé, ou de l'éducation, l'automatisation des aspects relationnels peut s'avérer contre-productive. Par exemple, une clinique médicale qui prône une approche personnalisée et empathique envers ses patients pourrait voir sa réputation ternie si elle remplaçait ses réceptionnistes par des chatbots insensibles. L'IA doit venir en support des processus humains sans déshumaniser l'interaction client.

Exemple Concret

Prenons l'exemple d'une banque locale qui se distingue par son service à la clientèle exceptionnel. Si cette banque décidait d'automatiser complètement ses services de support, elle risquerait de perdre son avantage concurrentiel. Les clients qui apprécient les interactions personnalisées avec leurs conseillers pourraient se sentir aliénés, ce qui pourrait entraîner une diminution de la fidélité et une augmentation du taux de départ. Ainsi, avant d'automatiser, il est essentiel de déterminer si l'IA viendra améliorer ou détériorer l'expérience client.

2. Analyse du Retour sur Investissement (ROI)

Calculer les Coûts et les Bénéfices Potentiels

Une analyse rigoureuse du retour sur investissement (ROI) est indispensable avant de mettre en place des solutions d'IA. Le coût d'implémentation de l'IA peut être élevé, surtout pour des systèmes complexes nécessitant une personnalisation approfondie. Supposons que votre entreprise dépense 15 $/h pour qu'un employé exécute une tâche spécifique. Si l'automatisation de cette tâche permettrait d'économiser quatre heures de travail par semaine, il serait absurde de dépenser 500 000$ pour développer une solution d'IA pour cette seule tâche. L'investissement ne serait jamais récupéré, et la décision se révélerait être un gaspillage de ressources.

Exemple Concret

Imaginons une entreprise de fabrication qui envisage d'automatiser une tâche répétitive sur une chaîne de production. Actuellement, cette tâche est accomplie par un opérateur de machine qui coûte 20$/h. Si l'automatisation de cette tâche permettrait de libérer 40 heures par semaine, le calcul du ROI devient crucial. Supposons que le coût total de mise en place de l'automatisation soit de 200 000$. En calculant les économies hebdomadaires (20$ x 40h = 800$), on peut estimer le temps nécessaire pour récupérer l'investissement initial : 200 000$ / 800$ = 250 semaines, soit environ 5 ans. Si ce délai est acceptable par rapport à la durée de vie et aux avantages supplémentaires de l'automatisation (comme une précision accrue ou une réduction des erreurs), alors l'investissement pourrait être justifié.

3. Capacité et Compétences de l'Équipe

Évaluation des Compétences Existantes

Un autre aspect crucial à considérer est la capacité de votre équipe à utiliser et à gérer les outils automatisés. Une automatisation réussie ne repose pas uniquement sur la technologie, mais également sur les compétences des personnes qui l'utilisent. Si vos employés ne sont pas familiers avec les technologies d'IA ou s'ils manquent des compétences nécessaires pour les utiliser efficacement, l'investissement dans l'IA pourrait se révéler inutile.

Formation et Développement

Avant de déployer des solutions d'IA, il est important de planifier des sessions de formation et de développement des compétences pour votre équipe. Cela pourrait inclure des ateliers de formation, des cours en ligne, ou des certifications spécifiques à l'IA. La formation doit couvrir non seulement l'utilisation des outils, mais aussi une compréhension de base des principes de l'IA, afin que les employés puissent maximiser les avantages de ces technologies.

Exemple Concret

Supposons qu'une entreprise de logistique décide d'implémenter un système d'IA pour optimiser les itinéraires de livraison. Si les chauffeurs et les gestionnaires de flotte ne sont pas formés à l'utilisation de ce système, ils pourraient mal l'utiliser ou même le rejeter, réduisant ainsi les gains d'efficacité escomptés. En revanche, une formation adéquate sur l'utilisation du système, ainsi que des explications claires sur ses avantages, peuvent assurer une adoption fluide et une utilisation optimale.

4. Évaluation des Risques

Comprendre les Limitations de l'IA

L'IA, bien que puissante, a ses limitations. Les modèles d'IA dépendent de la qualité des données . Si les données sont biaisées ou incomplètes, les résultats de l'IA peuvent être erronés. Par ailleurs, l'IA nécessite une maintenance et des mises à jour régulières pour rester pertinente et efficace. Les entreprises doivent être prêtes à investir non seulement dans l'implémentation initiale, mais aussi dans la maintenance continue de ces systèmes.

Éthique et Confidentialité

Les aspects éthiques et de confidentialité sont également cruciaux. L'utilisation de l'IA doit respecter les réglementations sur la protection des données et les principes éthiques. Par exemple, dans le secteur des ressources humaines, certaines entreprises utilisent l'IA pour analyser les candidatures et les CV. Cependant, si le modèle d'IA est basé sur des données historiques biaisées, il peut reproduire ces biais et discriminer injustement certains groupes de candidats. Pour éviter cela, il est essentiel de vérifier et d'auditer régulièrement les modèles d'IA pour s'assurer qu'ils respectent les normes éthiques et les réglementations en vigueur.

En somme, l'automatisation par l'intelligence artificielle offre des opportunités incroyables pour améliorer l'efficacité et la productivité des entreprises. Cependant, avant d'adopter l'IA, les gestionnaires doivent évaluer soigneusement l'état actuel de leur organisation, analyser le retour sur investissement potentiel, considérer les compétences de leur équipe, et comprendre les risques associés. En prenant ces éléments en considération, les entreprises peuvent s'assurer que l'adoption de l'IA apportera une réelle valeur ajoutée, soutiendra leur croissance et améliorera leur compétitivité sur le long terme.

10

Chapitre 2 : L'Écosystème des Données

L'écosystème des données représente un réseau d'acteurs interconnectés, collaborant pour exploiter des données et des ressources partagées. Cet ensemble intégré de services permet aux utilisateurs de répondre à une variété de besoins à travers une expérience unifiée. Les écosystèmes des données agissent comme des structures de soutien, fournissant aux clients une gamme de services. Cette approche favorise l'efficacité opérationnelle et l'innovation, contribuant ainsi à la transformation numérique des entreprises.

1. Les Bénéfices des Écosystèmes de données

Selon **McKinsey**[22] , les écosystèmes de données offrent aux banques la possibilité de réaliser des économies substantielles, allant de **10 % à 20 %** sur leurs coûts. Cela est dû à la capacité de ces écosystèmes à améliorer la transparence, optimiser la gestion des ressources, et faciliter des collaborations plus efficaces entre plusieurs acteurs. L'étude souligne également l'importance de la stratégie de monétisation des données pour tirer parti des écosystèmes digitaux et optimiser les coûts.

2. Études de Cas sur les écosystèmes de donnée

Amazon : Un Écosystème de Données Omniprésent

Amazon est un exemple emblématique d'un écosystème de données bien intégré. La société utilise les données de ses clients pour offrir des recommandations personnalisées, améliorer la gestion des stocks et optimiser la logistique. Par exemple, les algorithmes d'Amazon analysent les historiques d'achat et les comportements de navigation pour suggérer des produits susceptibles d'intéresser les clients. Cette utilisation sophistiquée des données permet à Amazon d'augmenter ses ventes et d'améliorer l'expérience utilisateur.

En outre, Amazon Web Services (AWS), la branche cloud de l'entreprise, offre une plateforme pour le stockage et l'analyse des données, facilitant ainsi la création de nouveaux écosystèmes par d'autres entreprises. AWS permet aux entreprises de développer et déployer rapidement des solutions basées sur les données, renforçant ainsi l'écosystème global d'Amazon.

Siemens : L'Écosystème de Données dans l'Industrie

Siemens, une entreprise leader dans le secteur industriel, a développé un écosystème de données robuste grâce à sa plateforme **MindSphere**. **MindSphere** est un système d'exploitation IoT basé sur le cloud qui permet de connecter des machines et des infrastructures physiques au monde numérique. Les données collectées à partir de capteurs et d'équipements industriels sont analysées pour optimiser les processus de production, réduire les temps d'arrêt et améliorer l'efficacité énergétique.

Cet écosystème de données permet à Siemens de fournir des services à valeur ajoutée à ses clients, comme la maintenance prédictive et l'optimisation des performances des équipements. En intégrant les données provenant de diverses sources, Siemens aide ses clients à prendre des décisions basées sur des informations précises et en temps réel.

3. Les Composants Clés d'un Écosystème de Données

Interconnexion des Services

Les écosystèmes de données rassemblent divers services qui interagissent de manière transparente. Cette interconnexion permet une gestion efficace des données et offre aux utilisateurs une expérience cohérente.

Partage de Données et Collaboration

La collaboration entre différents acteurs au sein de l'écosystème permet le partage de données, favorisant l'innovation et la création de valeur. Les entreprises peuvent ainsi exploiter des données externes pour enrichir leurs offres et améliorer leurs services.

Technologies de Support

Les technologies comme l'intelligence artificielle, le machine learning et les plateformes cloud jouent un rôle crucial dans le fonctionnement des écosystèmes de données. Elles permettent de traiter et d'analyser de grandes quantités de données de manière efficace, fournissant des insights précieux pour la prise de décision.

Sécurité et Conformité

La sécurité des données et la conformité réglementaire sont des aspects essentiels de tout écosystème de données. Les entreprises doivent s'assurer que les données sont protégées contre les cybermenaces et que leur utilisation est conforme aux réglementations en vigueur.

Monétisation des Données

Les écosystèmes de données permettent aux entreprises de créer de nouvelles sources de revenus en monétisant leurs données. En ajoutant de la valeur grâce à des analyses avancées et en identifiant de nouvelles opportunités de marché, les entreprises peuvent transformer des données brutes en informations exploitables. Par exemple, une banque peut utiliser des données de localisation pour offrir des offres personnalisées à ses clients, augmentant ainsi la satisfaction client et les ventes.

Nike : Monétisation des Données

Nike offre un excellent exemple de l'utilisation des données clients pour générer de la valeur et stimuler la croissance de l'entreprise. Grâce à ses plateformes numériques, telles que **Nike Training Club** et **Nike Run Club**, l'entreprise a construit un écosystème de données centré sur les habitudes de ses utilisateurs. Ces applications recueillent des informations sur les activités physiques, les préférences d'entraînement et les comportements d'achat, ce qui permet à Nike de personnaliser ses recommandations de produits.

Par exemple, les données collectées à partir des sessions d'entraînement permettent à Nike de proposer des produits spécifiquement adaptés aux besoins de chaque utilisateur. Cette approche non seulement augmente la satisfaction client, mais favorise également la fidélisation et booste les ventes de produits et services. En outre, Nike utilise ces données pour affiner ses stratégies de marketing et de développement de produits, créant ainsi un cycle vertueux de croissance et d'innovation.

Nike s'appuie également sur des outils analytiques avancés, comme les plateformes **Zodiac** et **Celect**, qui aident l'entreprise à anticiper la demande et à optimiser la gestion des stocks. Cela permet de s'assurer que les produits sont disponibles au bon moment, tout en réduisant les coûts et en offrant une expérience d'achat harmonieuse, en ligne comme en magasin. En 2020, cette stratégie a contribué à une augmentation de **84 %** des ventes numériques de Nike (*Digital Product Analytics, 2020*).

Ce cas illustre parfaitement comment une entreprise peut exploiter les données clients pour non seulement accroître ses ventes, mais aussi innover en matière de développement de produits et améliorer ses processus opérationnels[23].

Défis et Opportunités

Bien que les écosystèmes de données offrent de nombreux avantages, ils présentent également des défis. La gestion de la complexité technologique, la protection de la vie privée des utilisateurs et la nécessité d'une infrastructure robuste sont des aspects critiques à considérer. Toutefois, les opportunités qu'ils présentent, comme l'amélioration de l'efficacité opérationnelle, la personnalisation des services et l'innovation continue, en font un investissement stratégique pour les entreprises.

Enfin, l'écosystème des données représente une évolution majeure dans la manière dont les entreprises gèrent et exploitent leurs données. En intégrant divers services dans une expérience utilisateur cohérente, les entreprises peuvent non seulement améliorer leur efficacité opérationnelle, mais aussi créer de nouvelles opportunités de croissance et de monétisation. Les exemples d'Amazon, Siemens et Nike montrent comment une stratégie bien exécutée peut transformer un secteur et offrir des avantages concurrentiels significatifs.

Les gestionnaires doivent donc comprendre les principes et les avantages des écosystèmes de données pour tirer parti de cette transformation numérique. En adoptant une approche proactive et en investissant dans les technologies et compétences nécessaires, ils peuvent positionner leurs entreprises à la pointe de l'innovation et de la performance.

11

Chapitre 3 : L'IA pour l'amélioration de l'Expérience des Employés

1. L'Importance de l'Expérience des Employés

L'expérience des employés est un facteur crucial pour la réussite de toute entreprise. En effet, les employés sont le pilier central de toute organisation, et leur satisfaction influence directement la performance globale.. Un environnement de travail sain et stimulant favorise la rétention des talents, un aspect essentiel dans un contexte où les grandes entreprises se disputent les meilleurs profils. Par exemple, on peut rappeler la compétition entre Nike et Adidas pour attirer les meilleurs designers, ou celle entre Blue Origin et SpaceX pour recruter des ingénieurs talentueux. Les entreprises qui prennent soin de leurs employés sur les plans mental, physique, et financier sont celles qui assurent leur avenir en maintenant un haut taux de rétention.

2. La Situation Actuelle de l'Expérience des Employés

Le travail, une seconde maison à réinventer

Pour la majorité des adultes, le lieu de travail représente bien plus qu'un simple emploi : c'est une seconde maison où se construit une grande partie de leur quotidien. Pourtant, selon un rapport de Gallup, 85 % des travailleurs à travers le monde se disent désengagés dans leur emploi. Cette réalité souligne un défi universel : comment rendre le travail non seulement productif, mais aussi épanouissant ?

À l'ère du digital, l'intelligence artificielle (IA) et l'automatisation offrent une opportunité unique de transformer cette dynamique. En déléguant aux machines les tâches répétitives et monotones, les entreprises peuvent libérer leurs employés pour qu'ils se concentrent sur des activités plus stimulantes et enrichissantes. Cela ne se limite pas à un simple gain de temps, mais s'étend à une amélioration globale de l'expérience professionnelle et de la satisfaction au travail.

En tant que gestionnaire ou entrepreneur, il est de votre responsabilité de créer un environnement où vos équipes peuvent prospérer. Prenez le temps d'organiser des discussions ouvertes et constructives avec vos collaborateurs : quelles tâches trouvent-ils les plus ennuyeuses ou démotivantes ? En identifiant ces points de friction, vous pourrez explorer des solutions d'automatisation ou d'optimisation adaptées. Par exemple, un chatbot peut gérer des questions répétitives en service client, ou un logiciel de gestion peut automatiser des tâches administratives chronophages.

Écouter vos équipes et intégrer leur perspective dans vos décisions est une première étape cruciale. Cela démontre non seulement votre engagement envers leur bien-être, mais favorise également un climat de collaboration et d'innovation. Avec les bons outils et une gestion proactive, le travail peut redevenir un espace où l'épanouissement personnel et la productivité vont de pair.

3. Ce que les Employés Espèrent Comme Expérience

La plupart des employés seraient favorables à l'automatisation de nombreuses tâches, car cela leur permettrait de se concentrer sur des activités plus essentielles, d'innover et de contribuer de manière plus significative à l'entreprise. Par exemple, dans une entreprise de services financiers, les employés pourraient souhaiter l'automatisation des tâches de traitement des données pour se concentrer davantage sur l'analyse et la stratégie financière. Dans le secteur manufacturier, l'automatisation des contrôles qualité pourrait libérer du temps pour l'innovation en production et la recherche de nouvelles méthodes de fabrication.

4. Les Moyens pour Améliorer l'Expérience des Employés

Identifier et Automatiser les Tâches Chronophages

En tant que gestionnaire, commencez par identifier les tâches qui consomment le plus de temps et d'énergie. Utilisez des outils d'analyse de la productivité pour repérer les activités répétitives susceptibles d'être automatisées. Par exemple, des solutions d'automatisation des processus robotiques (RPA) peuvent être déployées pour gérer des tâches administratives répétitives telles que la saisie de données, la gestion des feuilles de temps, ou le traitement des réclamations.

Fournir des Outils Efficaces

Maximisez la valeur de la contribution de chaque employé en leur fournissant des outils efficaces. Investissez dans des logiciels de gestion de projet, des plateformes de collaboration en ligne, et des outils d'analyse de données. Par exemple, un outil de gestion de projet comme Trello ou Asana peut aider les équipes à mieux organiser leur travail et à collaborer plus efficacement. Des plateformes comme Slack peuvent améliorer la communication interne et réduire les interruptions.

Éliminer les Distractions et Obstacles

Supprimez les activités et actions qui pourraient distraire ou retarder vos équipes. Identifiez les processus inefficaces et simplifiez-les. Par exemple, réduisez les réunions inutiles et remplacez-les par des mises à jour via des outils de communication asynchrones.

Créer un Assistant Virtuel d'IA

Développez ou adoptez un assistant virtuel basé sur l'IA pour aider les employés à gérer leur charge de travail et leur bien-être. Un assistant virtuel peut fournir des analyses hebdomadaires sur les habitudes de travail, évaluer l'environnement de travail, offrir des outils pour la gestion du stress et la santé mentale, et suivre le temps de travail. Par exemple, des assistants virtuels comme Microsoft Cortana ou IBM Watson peuvent analyser les données de travail et offrir des suggestions personnalisées pour améliorer la productivité et le bien-être.

L'amélioration de l'expérience des employés est un investissement stratégique qui peut conduire à une productivité accrue, une meilleure rétention des talents, et une plus grande satisfaction au travail. En utilisant l'intelligence artificielle et l'automatisation pour éliminer les tâches répétitives, en fournissant des outils efficaces, et en créant un environnement de travail sain et stimulant, les gestionnaires peuvent transformer leur organisation et la positionner pour un succès durable. Il est crucial d'écouter les employés, de comprendre leurs besoins et de mettre en place des solutions innovantes pour améliorer leur expérience au sein de l'entreprise.

12

Chapitre 4. Améliorer l'Expérience Client grâce à l'Intelligence Artificielle

Q ue vous soyez gestionnaire d'une entreprise privée ou publique, vous avez des clients à satisfaire. Pour les services publics, les clients sont les citoyens, tandis que pour les entreprises privées, ce sont les personnes qui paient pour vos produits ou services. La satisfaction de vos clients doit être votre priorité absolue. Les entreprises qui réussissent à retenir leurs clients sont les plus prospères. Dans un monde technologique où tout va vite et où les transactions sont simplifiées, il est crucial de réduire les étapes entre vous et vos clients, et de faire en sorte que les délais soient les plus courts possible. L'idéal est de fournir des services qui peuvent être accédés en quelques clics, dans le confort de la maison du client.

1. L'IA dans une Stratégie Omnicanale

L'Importance de l'Omnicanal

Une stratégie omnicanale implique plusieurs moyens de communication avec vos clients : application mobile, chat sur le site web, e-mails, appels téléphoniques, SMS, réseaux sociaux. Cependant, cette multiplicité de canaux peut devenir une source de frustration pour les clients si elle n'est pas bien gérée. Imaginez un client insatisfait des réponses d'un chatbot sur votre site web. Il décide ensuite d'envoyer un SMS, mais les réponses ne sont toujours pas satisfaisantes. Il appelle alors votre service client, et on lui demande de répéter toutes ses informations et son problème. Cette situation est exaspérante pour le client.

Synchronisation des Informations

L'intégration de l'IA dans une stratégie omnicanale permet de synchroniser les informations du client à travers tous les canaux. Par exemple, si un client commence une conversation avec un chatbot et continue par SMS ou appel téléphonique, l'IA peut conserver et transférer les informations déjà fournies. Cela évite au client de répéter son problème et améliore son expérience. Une expérience réelle illustre cela : une de mes anciennes professeurs de MBA a vécu une situation similaire où elle a dû répéter son problème à plusieurs reprises, ce qui a sérieusement terni son impression de l'entreprise.

2. La Réactivité

Répondre Immédiatement aux Questions des Clients

Dans notre monde actuel, tout le monde veut des réponses rapides. Les clients attendent des réponses immédiates à leurs questions, indépendamment de l'heure ou des conditions extérieures. Avoir une IA capable de répondre aux questions des clients 24/7/365 est donc essentiel. Si vous n'avez pas encore de chatbot pour votre service clientèle, il est temps de contacter une équipe spécialisée comme la notre pour vous aider. Un chatbot bien conçu peut même aider vos clients à prendre des rendez-vous ou effectuer des ventes en ligne, en discutant simplement avec eux.

Personnalisation des Interactions

Un autre avantage de l'IA est la personnalisation de l'expérience client. Grâce à l'analyse des données et des préférences des clients, vous pouvez offrir des recommandations et des promotions personnalisées. Par exemple, les fils d'actualité de YouTube et Netflix sont conçus pour être uniques pour chaque utilisateur, en fonction de leurs préférences et de leurs comportements de visualisation. De la même manière, une entreprise peut utiliser l'IA pour personnaliser les offres et les interactions avec chaque client.

3. Collecte et Analyse des Avis Clients

Importance de l'Écoute des Clients

Écouter les avis de vos clients est crucial pour améliorer vos produits et services et prendre de meilleures décisions. L'IA peut jouer un rôle clé dans ce processus. Il y a quelques mois, j'ai participé à la création d'un programme d'IA pour l'analyse des avis clients et la constitution d'un tableau de bord décisionnel. Ce projet a démontré comment l'IA peut faciliter la collecte des avis clients, analyser les sentiments exprimés et fournir des informations précieuses pour les gestionnaires et les équipes de recherche et développement.

Automatisation des Enquêtes de Satisfaction

Un exemple concret de l'IA dans ce domaine est l'automatisation des enquêtes de satisfaction client. Par exemple, l'intégration du Net Promoter Score (NPS) directement dans une application mobile permet de solliciter des avis clients au moment le plus opportun. Un modèle d'IA peut analyser le comportement des clients pour déterminer le meilleur moment pour leur demander s'ils recommanderaient votre produit ou service. Cette approche réduit l'agacement lié aux appels de suivi et augmente le taux de réponse des clients.

4. Optimisation de l'Expérience Client grâce à l'IA

Outils d'Analyse et de Prédiction

L'IA offre également des outils puissants pour l'analyse et la prédiction des comportements clients. Par exemple, des modèles de machine learning peuvent analyser les données historiques pour prédire les tendances de consommation et adapter les stratégies marketing en conséquence. Dans l'industrie de la mode, par exemple, l'IA peut prédire quelles tendances de vêtements seront populaires la saison prochaine, permettant aux entreprises de mieux planifier leurs stocks et leurs campagnes publicitaires.Amélio rer l'expérience client grâce à l'intelligence artificielle est une stratégie incontournable pour toute entreprise cherchant à prospérer dans le monde actuel.

En adoptant une approche omnicanale intégrée et en utilisant les capacités d'analyse et de prédiction de l'IA, les gestionnaires peuvent non seulement améliorer la satisfaction client, mais aussi augmenter la fidélité et les revenus. Investir dans l'IA pour améliorer l'expérience client est donc une décision stratégique qui apportera des avantages à long terme pour toute entreprise.

13

Chapitre 5. Éviter des Pertes grâce à l'Intelligence Artificielle

D e nos jours, l'industrie des finances et de nombreux autres secteurs font face à des pertes de plusieurs milliards de dollars par an, en grande partie dues aux fraudes, erreurs humaines, et accidents. Imaginez une erreur consistant à omettre ou ajouter un zéro à la fin d'un milliard ou à déplacer une virgule de deux chiffres vers la droite lors d'une transaction bancaire. Dans ce chapitre, nous explorerons les opportunités que l'intelligence artificielle (IA) offre pour réduire ces pertes. Notre société a besoin de ces gains pour financer des œuvres caritatives et améliorer la performance globale des entreprises et des institutions publiques.

1. Pertes dues aux Fraudes

Impact des Fraudes

La fraude représente un fléau majeur pour les entreprises et les économies mondiales, engendrant des pertes financières massives chaque année. En 2018, une étude menée par l'**Association of Certified Fraud Examiners (ACFE)** estimait que les pertes dues à la fraude atteignaient environ 5 milliards de dollars à l'échelle mondiale. Ces pertes, représentant environ 5 % des revenus annuels des entreprises, soulignent l'ampleur du problème.

Depuis lors, les chiffres n'ont cessé d'augmenter, alimentés par la numérisation croissante des transactions et l'émergence de nouvelles méthodes de fraude. Avec l'explosion des paiements en ligne, des cyberattaques ciblées et des fraudes sophistiquées comme le hameçonnage (phishing) et le détournement de données, les entreprises sont confrontées à des défis sans précédent. Selon un rapport de **PwC Global Economic Crime and Fraud Survey 2022**, 51 % des entreprises ont déclaré avoir subi une forme de fraude ou de crime économique au cours des deux dernières années, ce qui en fait une menace persistante et évolutive.

Détection des Fraudes grâce à l'IA

L'intelligence artificielle peut jouer un rôle crucial dans la détection et la prévention des fraudes. Les modèles d'IA peuvent analyser de vastes quantités de données en temps réel, repérant des anomalies et des transactions suspectes plus rapidement et avec une précision accrue. Par exemple, les banques utilisent des algorithmes de machine learning pour détecter des schémas de transactions inhabituels qui pourraient indiquer une fraude. En analysant des centaines de variables à la fois, l'IA peut identifier des activités potentiellement frauduleuses bien avant qu'elles ne causent des pertes importantes.

Prenons l'exemple de JPMorgan Chase, l'une des plus grandes banques au monde. En 2019, JPMorgan a investi massivement dans l'IA pour renforcer ses capacités de détection de fraude. Grâce à l'IA, la banque a pu réduire ses pertes liées à la fraude de manière significative en détectant les transactions suspectes presque instantanément et en bloquant les transactions potentiellement frauduleuses avant qu'elles ne soient exécutées. L'IA a analysé des millions de transactions par jour, apprenant continuellement à améliorer ses prédictions et à repérer des schémas de fraude de plus en plus complexes. [24,25]

L'IA et la Blockchain pour la Transparence

En combinant l'IA avec la technologie de la blockchain, nous pouvons assurer une transparence maximale dans les transactions financières. La blockchain, bien que souvent associée au Bitcoin, est une technologie extrêmement utile pour le secteur financier en raison de sa capacité à fournir un enregistrement immuable et transparent des transactions. Par exemple, IBM utilise la blockchain dans son système Food Trust pour suivre la chaîne d'approvisionnement alimentaire, réduisant les fraudes et augmentant la transparence. De même, dans le secteur financier, l'intégration de l'IA et de la blockchain peut renforcer la confiance et réduire les fraudes.

2. Pertes dues aux Erreurs Humaines

Les erreurs humaines sont souvent à l'origine de pertes importantes dans de nombreux secteurs. Un exemple marquant est celui de la Citibank qui, en 2020, a accidentellement transféré 900 millions de dollars à plusieurs créanciers en raison d'une erreur de saisie dans son système financier. Cet incident s'est produit lors du remboursement d'un prêt à Revlon, et bien que Citibank ait récupéré une partie des fonds, certains créanciers ont refusé de restituer l'argent, ce qui a conduit à une longue bataille juridique. Cet exemple montre bien l'impact que les erreurs humaines peuvent avoir sur les finances d'une entreprise, même dans des institutions financières bien établies[26,27].

En dehors du secteur financier, d'autres industries font également face à des pertes massives dues à des erreurs humaines. Selon IBM, les mauvaises données coûtent aux entreprises américaines plus de 3,1 trillions de dollars par an, souvent à cause de simples erreurs manuelles dans la saisie ou le traitement des informations [26]. Dans le secteur de la santé, les erreurs de facturation aux États-Unis s'élèvent à environ 68 milliards de dollars par an, entraînant des pertes massives pour les assurances et les prestataires de services de santé.

Réduction des Erreurs grâce à l'IA

L'intelligence artificielle (IA) peut jouer un rôle clé dans la réduction des erreurs humaines en automatisant les processus répétitifs et en utilisant des algorithmes de vérification avancés. Par exemple, la Cleveland Clinic utilise l'IA pour vérifier les factures médicales, ce qui a permis de réduire les erreurs de facturation de 90 % et d'économiser des millions de dollars chaque année. Grâce à l'IA, les entreprises peuvent non seulement améliorer l'efficacité de leurs processus, mais aussi prévenir les erreurs coûteuses avant qu'elles ne surviennent [26,27].

Ces exemples montrent que l'IA offre des solutions puissantes pour détecter et corriger les erreurs avant qu'elles ne causent des pertes importantes, ce qui en fait un outil essentiel pour l'avenir des entreprises.

IA pour la Sécurité et la Prédiction des Accidents de travail

L'IA peut également améliorer la sécurité en prédisant et en évitant les accidents de travail. Par exemple, des capteurs IoT (Internet des objets) couplés à des algorithmes d'IA peuvent surveiller les conditions de travail en temps réel, détectant des anomalies et des situations dangereuses avant qu'un accident ne survienne. Dans l'industrie manufacturière, des entreprises comme Siemens utilisent des systèmes d'IA pour surveiller l'état des machines et prédire les pannes, ce qui permet de planifier des maintenances préventives et d'éviter des interruptions coûteuses de la production.

3. Gains pour les Organisations et la Société

Maximiser les Profits

Réduire les pertes dues aux fraudes et aux erreurs humaines permet non seulement de maximiser les profits mais aussi de rendre les opérations plus efficaces. Pour les gestionnaires, cela signifie une plus grande rentabilité et une meilleure allocation des ressources. Par exemple, une entreprise qui utilise l'IA pour détecter les fraudes et réduire les erreurs de facturation peut réinvestir les économies réalisées dans l'innovation, le développement de nouveaux produits ou l'amélioration des services.

Impact Social Positif

Les gains réalisés grâce à la réduction des pertes peuvent également avoir un impact social positif. Les fonds économisés peuvent être utilisés pour financer des œuvres caritatives, des programmes de développement communautaire, ou des initiatives environnementales. Par exemple, une entreprise de services financiers qui réduit ses pertes grâce à l'IA peut allouer une partie de ses économies à des programmes d'éducation financière pour les communautés défavorisées, contribuant ainsi à réduire les inégalités économiques.

L'intelligence artificielle offre des solutions puissantes pour réduire les pertes dues aux fraudes et aux erreurs humaines. En détectant les fraudes de manière plus efficace, en automatisant les processus pour réduire les erreurs, et en utilisant des technologies avancées comme la blockchain pour assurer la transparence, les entreprises peuvent non seulement améliorer leur rentabilité mais aussi avoir un impact positif sur la société.

14

Chapitre 6 : L'IA au Service de la Santé : Sauver des Millions de Vies

L'intelligence artificielle (IA) ne se contente pas de transformer le monde des affaires et des finances. Son potentiel pour améliorer les soins de santé est immense, et les avancées dans ce domaine promettent de sauver des millions de vies. En tant que gestionnaire dans le secteur de la santé ou même dans une autre industrie, comprendre comment l'IA peut révolutionner les soins médicaux est crucial. Récemment, lors de mon voyage à Paris, j'ai eu l'occasion d'assister à l'événement Santé Expo. J'y ai vu de mes propres yeux des applications incroyables de l'IA dans la santé, renforçant ma conviction que l'IA peut transformer ce secteur. Ce chapitre même s'il ne s'applique pas directement à la gestion ou au affaire, il explore les différentes façons dont l'IA peut être utilisée pour sauver des vies, illustrant son impact à travers des exemples concrets et des innovations récentes.

1. Diagnostic Précis et Précoce

L'IA pour la Détection des Maladies

L'une des applications les plus prometteuses de l'IA en médecine est le diagnostic précoce des maladies. Les algorithmes d'IA peuvent analyser des images médicales, comme les radiographies et les IRM, avec une précision qui rivalise ou dépasse celle des radiologues humains. Par exemple, l'IA développée par Google Health a démontré une capacité à détecter le cancer du sein dans les mammographies avec une précision supérieure à celle des radiologues humains, réduisant ainsi le taux de faux négatifs et de faux positifs.

Exemple Concret

Un exemple frappant de l'IA en action est l'utilisation de l'algorithme de dépistage de la rétinopathie diabétique par DeepMind, une filiale de Google. Cet algorithme a été entraîné sur des milliers d'images de rétine pour identifier les signes précoces de la maladie, souvent avant que les symptômes ne deviennent apparents. Dans des essais cliniques, cet outil a démontré une précision impressionnante, permettant une intervention plus rapide et la prévention de la cécité chez les patients diabétiques.

2. Médecine Personnalisée

Adaptation des Traitements aux Individus

L'IA permet une approche plus personnalisée des traitements médicaux, en tenant compte des caractéristiques uniques de chaque patient, comme leur génétique, leur mode de vie et leur historique médical. Cette personnalisation peut conduire à des traitements plus efficaces et à des résultats de santé améliorés.

La société IBM Watson utilise l'IA pour analyser les données génomiques des patients atteints de cancer. En combinant ces données avec des informations provenant de publications médicales et de traitements antérieurs, Watson peut recommander des protocoles de traitement personnalisés. Cette approche a aidé les oncologues à élaborer des plans de traitement sur mesure, augmentant les chances de réussite et réduisant les effets secondaires.

3. Surveillance et Gestion des Maladies Chroniques

Monitorage Continu et Intervention Précoce

Les dispositifs portables et les capteurs connectés, associés à l'IA, permettent une surveillance continue des patients atteints de maladies chroniques, comme le diabète ou les maladies cardiaques. Ces dispositifs peuvent détecter des anomalies en temps réel et alerter les médecins ou les patients en cas de besoin, permettant une intervention rapide.

Un exemple notable est le système de gestion du diabète de Medtronic, qui utilise un algorithme d'IA pour surveiller en continu les niveaux de glucose des patients. Le système peut prédire les épisodes d'hypoglycémie jusqu'à trois heures à l'avance, permettant aux patients de prendre des mesures préventives. Cette technologie a considérablement amélioré la qualité de vie des patients diabétiques et a réduit les complications liées à la maladie.

4. Accélération de la Recherche Médicale

Découverte de Nouveaux Médicaments

L'IA accélère également la recherche médicale en identifiant de nouveaux candidats-médicaments et en optimisant les essais cliniques. Les algorithmes d'apprentissage automatique peuvent analyser d'énormes quantités de données biologiques pour découvrir des molécules prometteuses, réduisant ainsi le temps et le coût nécessaires pour développer de nouveaux traitements.

Insilico Medicine, une société de biotechnologie, utilise l'IA pour découvrir de nouveaux médicaments. Leur plateforme d'IA analyse des bases de données biologiques pour identifier des cibles médicamenteuses et des molécules potentiellement efficaces. En 2020, **Insilico** a annoncé la découverte d'une nouvelle molécule thérapeutique en seulement 46 jours, un processus qui aurait pris des années avec les méthodes traditionnelles.

5. Amélioration de la Réponse aux Pandémies

Prévision et Gestion des Épidémies

L'IA joue un rôle crucial dans la prévision et la gestion des épidémies. En analysant des données provenant de diverses sources, comme les réseaux sociaux, les rapports de santé publique et les données de mobilité, les modèles d'IA peuvent identifier les foyers d'infection émergents et prédire la propagation des maladies.

Lors de la pandémie de COVID-19, l'entreprise canadienne BlueDot a utilisé l'IA pour détecter les premiers signes de l'épidémie en analysant les données de vol et les rapports de maladies infectieuses. Leur algorithme a alerté ses clients des risques d'une nouvelle maladie respiratoire à Wuhan, en Chine, bien avant que l'Organisation mondiale de la Santé ne publie une alerte officielle. Cette capacité à prédire et à réagir rapidement aux épidémies peut sauver des vies en permettant des interventions précoces et ciblées.

6. Réduction des Erreurs Médicales

IA pour Éviter les Erreurs Médicales

Les erreurs médicales sont une cause majeure de décès évitables dans le monde. Ces erreurs peuvent survenir à différents niveaux, depuis le diagnostic initial jusqu'à la prescription de médicaments. L'IA peut aider à réduire ces erreurs en fournissant une assistance précise et en temps réel aux médecins et aux infirmières.

Dans les hôpitaux équipés de systèmes d'IA, les médecins peuvent utiliser des assistants virtuels pour vérifier les interactions médicamenteuses et les dosages avant de prescrire des médicaments. Par exemple, le système d'IA développé par IBM Watson peut analyser les prescriptions et les dossiers médicaux des patients pour signaler les interactions potentielles et les erreurs de dosage. Cela a permis de réduire significativement les erreurs de prescription et d'améliorer la sécurité des patients.

7. Accès aux Soins dans les Pays en Développement

IA pour Combler le Manque de Ressources

Les pays en développement souffrent souvent d'un manque de ressources médicales et de personnel qualifié. L'IA peut jouer un rôle crucial en fournissant des outils d'aide au diagnostic et à la prescription, même dans des régions éloignées. En réunissant des données de médecins qualifiés des pays développés, nous pouvons créer des modèles d'IA qui servent d'assistants médicaux puissants.

Un projet innovant est le développement d'un assistant médical virtuel par l'Université de Stanford, conçu pour aider les agents de santé dans les zones rurales de l'Inde. Ce système d'IA utilise des algorithmes de traitement du langage naturel pour comprendre les symptômes des patients et recommander des traitements basés sur des bases de données médicales. Cela permet aux infirmières et aux agents de santé, même sans formation approfondie, de fournir des soins de qualité.

IA et Drones pour la Livraison Médicale

Les drones alimentés par l'IA peuvent également révolutionner la logistique médicale. Ces drones peuvent transporter des médicaments, des échantillons pour analyse et même des organes pour transplantation, en contournant les obstacles comme les embouteillages ou les terrains difficiles.

Zipline, une entreprise de drones basée au Rwanda, utilise l'IA pour gérer la livraison de fournitures médicales dans des zones rurales difficiles d'accès. Les drones peuvent livrer du sang, des vaccins et des médicaments vitaux en quelques minutes, réduisant ainsi le temps de réponse en cas d'urgence et sauvant des vies.

L'intelligence artificielle offre des opportunités sans précédent pour transformer le secteur de la santé et sauver des millions de vies. En améliorant la précision des diagnostics, en personnalisant les traitements, en surveillant en continu les patients, en accélérant la recherche médicale, en réduisant les erreurs médicales et en améliorant l'accès aux soins dans les pays en développement, l'IA est en train de redéfinir la manière dont les soins de santé sont délivrés. Pour les gestionnaires dans le secteur de la santé et au-delà, il est essentiel de comprendre et d'adopter ces technologies innovantes pour améliorer les résultats de santé et répondre aux défis actuels et futurs.

15

Résumé de la Partie 1 : Les Potentiels de l'Intelligence Artificielle et Son Importance pour Nos Entreprises et Sociétés

D ans cette première partie de notre livre, nous avons exploré en profondeur les potentiels de l'intelligence artificielle (IA), ses répercussions, ses avantages et les éléments à considérer avant d'adopter cette technologie. Ce mini-chapitre résume les points clés à retenir et met en lumière pourquoi l'IA est essentielle pour nos entreprises et comment elle peut aider nos sociétés à évoluer.

Potentiel et Avantages de l'IA

1. **Amélioration de l'Expérience Client** : L'IA permet de personnaliser les interactions avec les clients, de répondre rapidement à leurs besoins et d'améliorer leur satisfaction. Par exemple, les chatbots alimentés par l'IA offrent une assistance 24h/24 et 7j/7, tandis que les systèmes d'analyse de sentiments aident à comprendre les émotions des clients et à ajuster les services en conséquence.

2. **Efficacité Opérationnelle** : L'automatisation des tâches répétitives et administratives libère du temps pour les employés, leur permettant de

se concentrer sur des activités à plus forte valeur ajoutée. Des exemples concrets incluent l'utilisation de robots logiciels pour le traitement des demandes de prêt dans le secteur bancaire ou l'optimisation des chaînes d'approvisionnement pour réduire les coûts et les délais.

3. **Réduction des Fraudes et des Erreurs** : L'IA aide à détecter et à prévenir les fraudes financières et les erreurs administratives. Des systèmes d'analyse sophistiqués peuvent identifier des anomalies dans les transactions et alerter les gestionnaires, réduisant ainsi les pertes financières.

4. **Amélioration de la Santé Publique** : L'IA offre des outils puissants pour le diagnostic et le traitement des maladies. Elle permet également de prédire la propagation des pandémies et d'optimiser la réponse des systèmes de santé, comme nous l'avons vu avec l'utilisation de l'IA pour gérer les ressources pendant la pandémie de COVID-19. De plus, l'IA peut réduire les erreurs médicales en aidant les médecins et les infirmières à poser des diagnostics plus précis.

5. **Soutien au Personnel** : En automatisant les tâches administratives, l'IA améliore la satisfaction des employés et réduit le turnover. De plus, des systèmes d'IA peuvent surveiller le bien-être des employés et proposer des interventions pour prévenir le burnout.

Économies et Réinvestissement

L'adoption de l'IA permet de réaliser des économies significatives, lesquelles peuvent être réinvesties dans des domaines essentiels comme l'éducation, la lutte contre la faim, et la recherche et développement. Par exemple, les économies réalisées grâce à l'automatisation des processus administratifs et à la réduction des fraudes peuvent financer des programmes sociaux ou des initiatives d'innovation.

Points Clés à Considérer Avant d'Adopter l'IA

1. **Analyse de l'État Actuel** : Avant d'adopter l'IA, il est crucial d'évaluer l'état actuel de votre organisation et de votre type d'activité. Si votre

force repose sur les relations humaines, il faut réfléchir soigneusement avant d'automatiser les aspects relationnels.

2. **Calcul du Retour sur Investissement (ROI)** : Adopter l'IA doit être justifié par un ROI favorable. Il est essentiel de comparer le coût de l'automatisation avec les économies de temps et d'argent qu'elle pourrait générer. Par exemple, si l'automatisation d'un processus coûte 500 000$ mais ne permet d'économiser que 15$/h pour 4 heures de travail, l'investissement ne serait pas justifié.

3. **Capacité et Compétences de l'Équipe** : Assurez-vous que votre équipe possède les compétences nécessaires pour utiliser les outils d'IA. Il est inutile de semi-automatiser un processus si les personnes responsables ne savent pas l'utiliser efficacement.

Importance de l'Innovation Continue

Pour rester compétitives, les entreprises doivent constamment innover et adopter de nouvelles technologies. L'histoire nous montre que les entreprises qui n'ont pas su s'adapter aux innovations ont perdu leur position de leader. Par exemple, BlackBerry, autrefois un géant de la fabrication de téléphones, n'a pas su adopter rapidement les technologies des écrans tactiles et sans touches, contrairement à Apple et Samsung qui ont su innover continuellement. Aujourd'hui, ces entreprises dominent le marché des smartphones.

La première partie de ce livre a montré comment l'intelligence artificielle peut transformer nos sociétés et nos entreprises. En améliorant l'efficacité opérationnelle, en réduisant les erreurs et les fraudes, et en soutenant le personnel et les clients, l'IA offre des avantages considérables. Cependant, il est essentiel de bien comprendre les besoins et les capacités de votre organisation avant d'adopter cette technologie. Alors que nous avançons vers la deuxième partie de ce livre, nous explorerons les aspects technologiques de l'intelligence artificielle, fournissant une compréhension approfondie de cette révolution numérique.

Avec une bonne adoption et une stratégie réfléchie, l'IA peut aider nos entreprises à devenir plus compétitives et profitables, tout en contribuant à une société plus évoluée et mieux préparée pour l'avenir.

16

Partie 2 : Le coeur de la technologie de l'IA

Le Cadre de Travail pour Expliquer l'IA

L'intelligence artificielle (IA) est un domaine vaste et en constante évolution, offrant des capacités impressionnantes pour automatiser des tâches basées sur l'apprentissage et l'exécution à partir de données. L'IA se divise en plusieurs sous-domaines, chacun ayant des applications spécifiques et des implications variées. Avant de plonger dans les détails de chaque aspect, il est crucial de comprendre le cadre général de l'IA, incluant des domaines comme la vision par ordinateur, la reconnaissance vocale, la génération de texte, l'IA générative, le deep learning et l'apprentissage machine (machine learning).

L'un des aspects les plus fascinants de l'IA est sa capacité à augmenter les capacités humaines lorsqu'elle est combinée avec des capteurs et d'autres technologies. Par exemple, bien que l'IA soit limitée dans certains aspects comme l'odorat, l'intégration de capteurs appropriés peut étendre ses capacités. Cela met en évidence le potentiel de l'IA à accomplir des tâches complexes très rapidement et efficacement, ce qui est crucial pour les entreprises cherchant à rester compétitives et innovantes.

17

Chapitre 1 : La Vision par Ordinateur

1. Fonctionnalité

La vision par ordinateur permet aux systèmes informatiques de lire, comprendre et interpréter les éléments visuels dans leur environnement, qu'il s'agisse de personnes, d'objets, ou d'autres éléments. Cela est rendu possible grâce au traitement et à l'enrichissement des données d'images, vidéos, documents, gifs, et informations biométriques. Aujourd'hui, cette technologie est utilisée dans divers domaines, de la détection de cancers et de tumeurs à la conduite autonome.

1.1 La Reconnaissance Optique des Caractères (OCR)

La reconnaissance optique des caractères, ou OCR, est une technologie qui permet aux ordinateurs de lire et de reconnaître les alphabets et chiffres dans l'écriture humaine. Cette technologie est utilisée pour automatiser la saisie de texte à partir de documents physiques, ce qui évite des tâches répétitives. Par exemple, en scannant ou en photographiant un document, le texte peut être automatiquement saisi sur un écran. Bien que la technologie OCR ait ses limites en termes de précision en fonction des écritures, des innovations comme la reconnaissance intelligente des caractères (ICR) viennent pallier ces limitations.

1.2 La Reconnaissance Intelligente des Caractères (ICR)

La reconnaissance intelligente des caractères (ICR) va au-delà de l'OCR en combinant cette technologie avec le traitement du langage naturel (NLP) et le machine learning pour digitaliser, traiter, extraire, reconstituer et interpréter les informations. Cette technologie peut être appliquée au traitement des contrats, des factures, des recettes, et d'autres documents, offrant une précision et une efficacité accrues.

1.3 La Biométrie

Une application majeure de la vision par ordinateur est la biométrie, utilisée dans les processus d'identification, les procédures d'immigration, et divers aspects liés à la santé. La biométrie repose sur des données visuelles pour authentifier et identifier les individus de manière sécurisée.

1.4 La Reconnaissance Faciale

La reconnaissance faciale, basée sur la vision par ordinateur, est largement utilisée dans les téléphones intelligents et les systèmes d'accès sécurisé. Cette technologie analyse les caractéristiques faciales uniques pour identifier ou vérifier l'identité d'une personne, offrant une couche supplémentaire de sécurité et de commodité.

Le traitement d'image et vidéo est essentiel pour la vision par ordinateur. Une image est composée de pixels, et chaque pixel peut être représenté sous forme de matrice de données lisibles par les ordinateurs. Une vidéo est une succession d'images à une vitesse accélérée. En utilisant ces données, on peut entraîner des modèles pour la reconnaissance d'images ou d'éléments dans une vidéo. Par exemple, cette technologie est utilisée dans les magasins pour détecter les vols à partir des caméras en temps réel et pour détecter les chutes de personnes âgées à partir des caméras de surveillance.

Exemples Concrets et Applications

Détection de Cancers et de Tumeurs: Grâce à l'IA, les médecins peuvent détecter des anomalies dans les radiographies et les IRM avec une précision accrue. Les algorithmes de vision par ordinateur analysent les images médicales pour identifier des motifs qui pourraient indiquer la présence de tumeurs, permettant ainsi une détection précoce et un traitement plus efficace.

Conduite autonome: Les voitures autonomes utilisent des systèmes de vision par ordinateur pour naviguer et prendre des décisions en temps réel. Les caméras et les capteurs embarqués analysent l'environnement pour identifier les obstacles, les autres véhicules, et les piétons, assurant une conduite sûre et efficace.

Sécurité et Surveillance: Dans le domaine de la sécurité, les caméras équipées de vision par ordinateur peuvent surveiller des zones et détecter des comportements suspects. Par exemple, elles peuvent identifier des mouvements inhabituels dans des zones sensibles, alertant ainsi les autorités en temps réel pour prévenir des incidents.

Amélioration de l'Expérience Client Dans les commerces, la vision par ordinateur est utilisée pour analyser le comportement des clients, optimisant ainsi l'agencement des produits et les stratégies de marketing. Les caméras peuvent suivre les mouvements des clients pour comprendre leurs préférences et leurs interactions avec les produits.

Industrie Manufacturière Les systèmes de vision par ordinateur inspectent les produits sur les lignes de production pour détecter les défauts. Cela garantit une qualité constante et réduit le besoin d'intervention humaine, augmentant ainsi l'efficacité et la précision.

Agriculture En agriculture, les drones équipés de vision par ordinateur surveillent les cultures pour détecter les signes de maladie ou de stress. Ces informations permettent aux agriculteurs de prendre des décisions éclairées sur l'utilisation des pesticides et des engrais, optimisant ainsi les rendements et minimisant l'impact environnemental.

1.5 Le Traitement d'Image et Vidéo

La vision par ordinateur est un domaine essentiel de l'intelligence artificielle, offrant une multitude d'applications qui transforment divers secteurs. Que ce soit pour améliorer la santé, renforcer la sécurité, ou soutenir l'innovation dans l'industrie, cette technologie joue un rôle crucial dans le développement de solutions intelligentes et efficaces. En comprenant et en adoptant ces technologies, les entreprises peuvent non seulement améliorer leur compétitivité mais aussi contribuer à une société plus avancée et résiliente.

La prochaine étape de notre exploration de l'IA se concentrera sur d'autres aspects technologiques, offrant une compréhension plus complète de cette révolution numérique.

18

Chapitre 2 : Le Langage et l'IA

L'une des avancées les plus impressionnantes de l'intelligence artificielle (IA) est sa capacité à comprendre, interpréter, et générer du langage humain. Les langages de programmation utilisés pour développer ces capacités jouent un rôle crucial, avec Python en tête de liste en raison de sa flexibilité et de sa richesse en bibliothèques spécialisées. Pour les gestionnaires d'entreprise,même si vous ne savez pas programmer; comprendre comment ces technologies fonctionnent et comment elles peuvent être appliquées dans divers contextes est essentiel pour exploiter pleinement le potentiel de l'IA.

1. Les Langages de Programmation pour l'IA

Le langage de programmation le plus couramment utilisé pour le développement et l'entraînement des modèles d'intelligence artificielle est Python. Sa simplicité syntaxique et sa vaste collection de bibliothèques spécialisées, comme TensorFlow, PyTorch, et scikit-learn, en font un outil puissant pour les développeurs. Cependant, peu de gens en dehors du domaine technique comprennent comment ces langages fonctionnent ou comment ils peuvent être appliqués.

Python : Python est privilégié pour l'IA en raison de sa lisibilité et de sa facilité d'utilisation. Les bibliothèques telles que NLTK (Natural Language

Toolkit) et spaCy sont particulièrement utiles pour le traitement du langage naturel (NLP). Par exemple, NLTK permet de tokeniser, analyser, et extraire des informations de textes, facilitant ainsi la création de modèles capables de comprendre et de générer du langage humain.

Autres Langages : Bien que Python soit dominant, d'autres langages comme R, Java, et Julia sont également utilisés dans certaines applications spécifiques. Par exemple, R est souvent préféré pour les analyses statistiques et les modèles de machine learning dans le domaine académique, tandis que Java est utilisé dans des environnements où la performance et l'évolutivité sont critiques.

2. Applications de l'IA dans le Langage humain

Les modèles d'intelligence artificielle d'aujourd'hui sont capables de transformer l'audio en texte, de convertir le texte en audio, de traduire des langues et de répondre à des conversations dans plusieurs langues. Ces capacités sont largement utilisées dans des applications pratiques telles que les chatbots, les assistants virtuels, et les systèmes de traduction.

2.1 Les Chatbots et Agents d'IA

Les chatbots et les agents d'IA sont des programmes conçus pour simuler des conversations humaines. Utilisés dans le service client, ces outils peuvent répondre à des questions fréquentes, traiter des demandes simples, et même effectuer des transactions.

Un exemple concret est celui des services bancaires. Des banques utilisent des chatbots pour aider les clients à vérifier leur solde, effectuer des transferts, et résoudre des problèmes courants sans intervention humaine. Cela améliore l'efficacité et réduit les coûts opérationnels.

2.2 Traitement du Langage Naturel (NLP)

Le traitement du langage naturel est une sous-discipline de l'IA qui se concentre sur l'interaction entre les ordinateurs et le langage humain. Les modèles NLP sont capables de comprendre le contexte, d'extraire des informations, et de générer du texte de manière cohérente.

Analyse de Sentiment : Une application importante du NLP est l'analyse de sentiment, qui permet de déterminer les émotions exprimées dans un texte. Cette technologie est utilisée dans le marketing pour analyser les avis des clients sur les réseaux sociaux et ajuster les stratégies en conséquence.

Une entreprise de e-commerce peut utiliser l'analyse de sentiment pour surveiller les commentaires sur les produits. Si un produit reçoit des critiques négatives, l'entreprise peut réagir rapidement pour améliorer le produit ou ajuster sa communication.

Conversion Audio-Texte et Texte-Audio

Les technologies de reconnaissance vocale et de synthèse vocale ont considérablement progressé, permettant des interactions naturelles avec les machines. La reconnaissance vocale convertit la parole en texte, facilitant ainsi la transcription et la commande vocale, tandis que la synthèse vocale convertit le texte en parole, améliorant l'accessibilité et l'expérience utilisateur.

Dans les centres d'appels, la reconnaissance vocale est utilisée pour transcrire les conversations, permettant une analyse ultérieure pour améliorer la qualité du service. De même, la synthèse vocale est utilisée pour créer des assistants virtuels qui peuvent guider les utilisateurs à travers des processus complexes.

Le langage et l'intelligence artificielle sont au cœur de nombreuses innovations qui transforment les entreprises et la société. En comprenant les technologies et en adoptant une approche stratégique pour leur mise en œuvre, les gestionnaires peuvent tirer parti de l'IA pour améliorer l'efficacité opérationnelle, enrichir l'expérience client, et prendre des décisions plus éclairées. Que ce soit à travers les chatbots, les agents d'IA, ou les technologies de NLP, l'intégration de l'IA dans les processus d'entreprise ouvre la voie à de nouvelles opportunités et à une compétitivité accrue.

19

Chapitre 3 : La Pensée et l'Apprentissage de l'IA

L'intelligence artificielle (IA) représente une avancée technologique majeure, bien au-delà d'un simple traitement automatisé des données. Elle incarne la capacité des systèmes informatiques à penser, apprendre, et s'adapter en fonction des données disponibles. Cette capacité est au cœur des applications les plus avancées de l'IA, qui permettent d'analyser des volumes massifs d'informations pour créer des insights précieux, formuler des prédictions précises, et ainsi soutenir la prise de décision. L'IA peut augmenter considérablement la capacité des employés et des collaborateurs, leur permettant de prendre des décisions éclairées basées sur des données et des corrélations entre les données. Aujourd'hui, l'IA peut même prévoir quels clients sont susceptibles de quitter une marque, permettant aux entreprises de prendre des mesures proactives pour les fidéliser et éviter qu'ils ne rejoignent la concurrence. Pour ce faire, trois éléments sont essentiels : les données massives (ou Big Data), l'apprentissage machine (Machine Learning), et la visualisation des données. Examinons chacun de ces éléments en détail.

1.Les Données Massives (Big Data)

Définition et Importance

Les données massives, ou Big Data, sont des ensembles de données si volumineux et complexes qu'ils dépassent la capacité des logiciels de traitement de données traditionnels. Elles nécessitent des technologies et des méthodes avancées pour leur stockage, leur traitement et leur analyse. Les Big Data sont la base sur laquelle repose l'IA. Sans données, il n'y a pas d'intelligence artificielle. Les Big Data comprennent non seulement la collecte de données, mais aussi leur pertinence, leur qualité, leur stockage, leur traitement, leur validation, leur intégration, leur utilisation, leur accessibilité et leur visualisation.

Pour avoir une IA efficace, il est crucial de disposer de données de haute qualité. Cela implique une collecte rigoureuse des données pertinentes, leur nettoyage pour éliminer les erreurs et les doublons, et leur structuration pour faciliter leur analyse. De plus, ces données doivent être stockées de manière sécurisée et accessible afin qu'elles puissent être utilisées efficacement par les systèmes d'IA.

Données Historiques

Les données historiques jouent un rôle crucial dans la conception et l'entraînement des modèles d'IA. En analysant des données passées, les modèles d'IA peuvent identifier des schémas et des tendances qui aident à faire des prédictions précises pour l'avenir. Par exemple, dans le secteur bancaire, les modèles d'IA peuvent utiliser des données historiques sur les fraudes pour détecter des transactions frauduleuses en temps réel. En comparant les transactions actuelles avec des modèles de fraude connus, ces systèmes peuvent identifier des comportements suspects et alerter les responsables de la sécurité.

Exemple Concret

Prévision des Ventes : Les entreprises de vente au détail peuvent utiliser des données historiques sur les ventes pour prévoir la demande future. En analysant les tendances saisonnières, les événements spéciaux et les promotions passées, les modèles d'IA peuvent aider les gestionnaires à planifier les stocks, à optimiser les campagnes de marketing et à maximiser les revenus.

2. L'Apprentissage Machine (Machine Learning)

Importance

L'apprentissage machine (Machine Learning) est une sous-discipline de l'intelligence artificielle qui se concentre sur la création de systèmes capables d'apprendre et de s'améliorer automatiquement à partir de l'expérience. Il représente les programmes et les algorithmes que nous écrivons pour entraîner et concevoir des IA capables d'exécuter des fonctions spécifiques sans être explicitement programmées pour chaque tâche.

Il existe plusieurs types d'apprentissage machine, chacun ayant des applications et des avantages particuliers. Les principaux types incluent l'apprentissage supervisé, l'apprentissage non supervisé, l'apprentissage par renforcement et le deep learning.

2.1 Types d'Apprentissage Machine

- **Apprentissage Supervisé** : Dans l'apprentissage supervisé, les modèles sont entraînés sur des ensembles de données étiquetées, c'est-à-dire que chaque donnée d'entraînement est associée à une réponse correcte. Le modèle apprend à prédire la réponse correcte pour de nouvelles données basées sur ces exemples d'entraînement. Par exemple, un modèle d'apprentissage supervisé peut être utilisé pour prédire le prix des maisons en fonction de caractéristiques telles que la superficie, le nombre de chambres et l'emplacement.
- **Apprentissage Non Supervisé** : Contrairement à l'apprentissage supervisé, l'apprentissage non supervisé ne dispose pas de données étiquetées. Les modèles doivent identifier des structures cachées dans les données sans guidance externe. Les techniques courantes incluent le clustering et la réduction de dimensionnalité. Par exemple, le clustering peut être utilisé pour segmenter des clients en groupes basés sur leurs

comportements d'achat.

· **Apprentissage par Renforcement** : Dans l'apprentissage par renforcement, les modèles apprennent à prendre des décisions en interagissant avec un environnement. Ils reçoivent des récompenses ou des pénalités en fonction de leurs actions et apprennent à maximiser les récompenses au fil du temps. Cette technique est couramment utilisée dans les jeux vidéo, la robotique et la finance.Nous en parlerons davantage dans un autre chapitre.

· **Deep Learning (Apprentissage Profond)** : Le deep learning est une forme avancée d'apprentissage machine inspirée du fonctionnement du cerveau humain. Il utilise des réseaux de neurones artificiels pour traiter des données complexes comme des images, des vidéos, et des documents. Le deep learning est particulièrement efficace pour des tâches telles que la reconnaissance d'images, la traduction automatique et la génération de texte.

2.2 Techniques de Machine Learning

· **Analyse de Régressions** : L'analyse de régressions est une technique statistique utilisée pour déterminer les relations entre les variables. Elle permet de prédire une valeur basée sur d'autres valeurs connues. Par exemple, une entreprise peut utiliser l'analyse de régressions pour prédire les ventes futures en fonction des tendances passées. Cette technique est particulièrement utile pour des prédictions continues, telles que les prix, les revenus ou les températures.

· **Arbres de Décision** : Les arbres de décision sont des modèles qui utilisent une structure arborescente pour représenter les décisions et leurs conséquences possibles. Avec l'apprentissage machine, ces arbres peuvent être optimisés pour identifier rapidement et efficacement les meilleures décisions. Par exemple, dans le domaine des assurances, un arbre de décision peut aider à déterminer les primes en fonction du profil du client. Les arbres de décision sont simples à interpréter et peuvent être utilisés pour des tâches de classification et de régression.

- **Regroupement (Clustering)** : Le regroupement est une technique qui consiste à partitionner des données en groupes ou clusters basés sur des similitudes. Par exemple, une entreprise de marketing peut utiliser le clustering pour segmenter ses clients en groupes distincts afin de personnaliser ses campagnes publicitaires. Le regroupement peut révéler des segments de marché cachés, des modèles de comportement et des groupes de clients similaires.

- **Deep Learning (Apprentissage Profond)** : Le deep learning est une forme avancée de machine learning inspirée du fonctionnement du cerveau humain. Il utilise des réseaux de neurones artificiels pour traiter des données complexes comme des images, des vidéos, et des documents. Par exemple, dans le domaine de la santé, l'apprentissage profond peut être utilisé pour analyser des images médicales et détecter des anomalies avec une grande précision. Les modèles de deep learning peuvent gérer de grandes quantités de données non structurées et sont capables de s'améliorer avec plus de données et de temps d'entraînement.

3. Outils et Plateformes

Il existe une variété d'outils et de plateformes disponibles pour les projets de machine learning. Certains de ces outils sont gratuits et open source, tandis que d'autres sont des solutions commerciales payantes.

- **Outils Open Source** : Des outils comme TensorFlow, PyTorch, et Scikit-learn sont largement utilisés dans la communauté du machine learning. Ils offrent des bibliothèques robustes pour la création et l'entraînement de modèles d'apprentissage machine. Par exemple, TensorFlow, développé par Google, est utilisé pour construire et déployer des modèles de deep learning à grande échelle.

- **Solutions Commerciales** : Des plateformes comme Amazon SageMaker, Microsoft Azure Machine Learning, et Google Cloud AI offrent des solutions complètes pour le développement, l'entraînement et le déploiement de modèles de machine learning. Ces plateformes sont conçues pour être utilisées par des entreprises et offrent des fonctionnalités supplémentaires comme le support technique, la scalabilité et l'intégration avec d'autres services cloud.

La Visualisation des Données

Définition et Importance

La visualisation des données est le processus de transformation des données en représentations graphiques pour faciliter leur compréhension. Elle joue un rôle crucial dans l'IA car elle permet de présenter des insights de manière intuitive, facilitant ainsi la prise de décision.

La visualisation des données aide à détecter des tendances, des anomalies et des corrélations qui ne seraient pas apparentes dans des tableaux de données brutes. Elle permet également de communiquer les résultats des analyses de manière claire et persuasive.

Techniques de Visualisation

- **Graphiques et Tableaux de Bord** : Les graphiques à barres, les graphiques à lignes, les diagrammes circulaires, et les tableaux de bord interactifs sont des outils courants pour visualiser des données. Par exemple, un tableau de bord de vente peut afficher les tendances de vente, les performances par région, et les produits les plus vendus, permettant ainsi aux responsables de prendre des décisions rapides et informées.
- **Cartes de Chaleur (Heatmaps)** : Les cartes de chaleur sont utilisées pour représenter la densité des données sur une surface géographique ou matricielle. Par exemple, une carte de chaleur peut montrer les zones d'une ville avec le plus grand nombre de crimes, aidant les autorités à concentrer leurs efforts de sécurité.
- **Nuages de Points (Scatter Plots)** : Les nuages de points sont utilisés pour visualiser la relation entre deux variables. Par exemple, un nuage de points peut montrer la relation entre le prix d'un produit et sa demande, aidant les gestionnaires à fixer des prix optimaux.
- **Graphes de Réseau (Network Graphs)** : Les graphes de réseau sont

utilisés pour visualiser les relations entre des entités. Par exemple, un graphe de réseau peut représenter les interactions entre les utilisateurs sur un réseau social, aidant les analystes à identifier les influenceurs et les communautés.

Exemples Concrets de Visualisation

- **Gestion des Performances** : Les entreprises utilisent des tableaux de bord interactifs pour surveiller les performances en temps réel. Par exemple, un tableau de bord financier peut afficher les revenus, les dépenses et les profits, permettant aux gestionnaires de suivre la santé financière de l'entreprise et de prendre des mesures correctives rapidement.
- **Analyse Marketing** : Les équipes marketing utilisent des visualisations pour analyser l'efficacité de leurs campagnes. Par exemple, un graphique à barres peut montrer le retour sur investissement (ROI) de différentes campagnes publicitaires, aidant les responsables marketing à allouer leur budget de manière plus efficace.
- **Optimisation des Opérations** : Les responsables de la chaîne d'approvisionnement utilisent des cartes de chaleur pour identifier les goulets d'étranglement et optimiser les flux de travail. Par exemple, une carte de chaleur peut montrer les zones d'un entrepôt où les retards sont les plus fréquents, permettant aux gestionnaires d'améliorer l'efficacité opérationnelle.

La capacité de l'IA à penser et à apprendre est révolutionnaire pour les entreprises. En exploitant les données massives, l'apprentissage machine et la visualisation des données, les gestionnaires peuvent transformer des informations brutes en insights précieux, permettant ainsi une prise de décision rapide et précise. Que ce soit pour prévenir la fraude, fidéliser les clients, ou optimiser les opérations, l'IA offre des outils puissants pour améliorer l'efficacité et la compétitivité. Pour les entreprises, l'adoption de l'IA n'est plus une option, mais une nécessité pour rester en tête dans un environnement concurrentiel en constante évolution.

La mise en œuvre de l'IA dans les entreprises nécessite une compréhension approfondie des éléments fondamentaux tels que les Big Data, le machine learning, et la visualisation des données. En maîtrisant ces concepts, les gestionnaires peuvent tirer pleinement parti des capacités de l'IA pour transformer leurs opérations et obtenir un avantage concurrentiel significatif. En somme, l'IA représente une opportunité extraordinaire pour les entreprises modernes, et son intégration réussie repose sur une approche stratégique et bien informée.

20

Chapitre 4 : Autres aspects et choix d'implémentation de l'IA dans la Vie Réelle

L'exécution et l'implémentation de l'intelligence artificielle (IA) dans la vie réelle représentent des étapes cruciales pour toute entreprise cherchant à tirer parti des avancées technologiques pour améliorer ses opérations. Pour les gestionnaires d'entreprises publiques et privées, il est impératif de comprendre non seulement les différentes technologies disponibles mais aussi quand et comment les utiliser pour maximiser leur impact. Ce chapitre vise à explorer ces aspects de manière approfondie et à offrir des conseils pratiques pour une mise en œuvre réussie.

1. Comprendre les Technologies Pratiques d'IA

Avant de plonger dans l'exécution concrète de projets d'intelligence artificielle, il est essentiel de bien comprendre les technologies disponibles et leurs applications. Cette compréhension de base aide à évaluer les opportunités réelles que l'IA peut offrir, tout en prenant en compte les défis potentiels associés à chaque type de technologie. Explorons ces différentes formes d'IA et leurs utilisations pratiques.

Logiciels d'IA

Les logiciels d'IA sont des applications spécialement programmées pour accomplir des tâches spécifiques en utilisant des algorithmes d'apprentissage automatique (machine learning), de traitement du langage naturel ou de reconnaissance d'image. Ils peuvent analyser des données, identifier des modèles, et même prendre des décisions basées sur ces informations. Par exemple, un logiciel d'IA peut être utilisé dans le domaine médical pour détecter des anomalies dans des radiographies ou dans le secteur financier pour identifier des transactions suspectes.

Ces logiciels, lorsqu'ils sont bien intégrés dans une entreprise, améliorent l'efficacité et automatisent des processus complexes. Leur flexibilité permet de les adapter à des contextes variés, offrant ainsi des solutions sur mesure pour des besoins précis. Cependant, ils nécessitent souvent des ressources pour leur développement initial, et un suivi constant est requis pour s'assurer qu'ils continuent de fonctionner correctement et de produire des résultats fiables.

Intégration dans une Plateforme

Plutôt que de créer de nouvelles applications d'IA, il est parfois préférable d'intégrer des fonctionnalités d'IA dans des systèmes déjà existants. Cette approche permet aux entreprises de bénéficier des avantages de l'IA sans devoir reconstruire entièrement leur infrastructure technologique. Par exemple, un logiciel de gestion de la relation client (CRM) peut intégrer une fonctionnalité de recommandation de produits basée sur l'IA pour améliorer l'expérience utilisateur.

L'intégration d'IA dans une plateforme existante est particulièrement utile pour les entreprises cherchant à moderniser leurs outils sans effectuer de changements drastiques. Cette solution peut être plus économique que le développement d'une solution IA personnalisée et permet souvent d'obtenir des résultats plus rapidement. De plus, cette intégration peut être ajustée en fonction des besoins spécifiques de chaque entreprise, optimisant ainsi l'efficacité sans complexité supplémentaire.

Smart Workflows

Les « smart workflows » ou flux de travail intelligents représentent une avancée importante pour les entreprises cherchant à automatiser et optimiser leurs processus métiers. Ils intègrent des fonctionnalités d'IA qui analysent des données en temps réel et appliquent des règles d'automatisation pour prendre des décisions rapidement et avec précision. Par exemple, dans la logistique, un smart workflow pourrait automatiquement réacheminer les commandes en cas de problème de stock ou de retard de livraison.

Ces flux de travail intelligents permettent une prise de décision rapide, même pour les processus métiers complexes, et sont particulièrement efficaces dans des secteurs comme la logistique, la fabrication ou la gestion de la chaîne d'approvisionnement. En intégrant des données en temps réel et des analyses avancées, les smart workflows augmentent l'efficacité opérationnelle et permettent de réagir de manière proactive aux changements.

Plateformes Low-Code

Les plateformes « low-code » facilitent le développement d'applications sans avoir besoin de connaissances techniques approfondies en programmation. Grâce à des interfaces visuelles et des composants préconstruits, les entreprises peuvent rapidement créer des applications et y intégrer des fonctionnalités d'IA. Ces plateformes permettent de prototyper rapidement des solutions, ce qui est particulièrement utile pour les projets où des ajustements fréquents sont nécessaires.

Ces plateformes offrent un moyen rapide de tester de nouvelles idées et de répondre aux besoins spécifiques d'une entreprise sans investir massivement dans le développement logiciel. Les entreprises peuvent ainsi créer des applications internes ou des outils pour améliorer les processus sans attendre des mois pour voir les résultats. C'est une solution idéale pour les entreprises en pleine croissance ou celles cherchant à expérimenter avec l'IA avant de déployer des solutions plus robustes.

2. Choisir la Technologie Appropriée

La sélection de la bonne technologie IA dépend de plusieurs facteurs, dont les besoins spécifiques de l'entreprise, ses objectifs stratégiques, et ses ressources. Voici comment chaque technologie peut être utilisée pour répondre à des objectifs divers.

- **Logiciels d'IA vs Intégration dans une Plateforme** : Les logiciels d'IA sont idéaux pour des applications très spécifiques qui nécessitent des solutions personnalisées, comme une IA pour analyser des radiographies dans un hôpital. En revanche, l'intégration dans une plateforme existante est recommandée pour les entreprises qui souhaitent améliorer leurs systèmes sans engager des ressources pour développer de nouvelles applications.

- **Agents d'IA** : Ces agents sont des programmes intelligents qui interagissent directement avec les clients pour automatiser les services courants. Par exemple, un agent d'IA peut répondre aux questions fréquemment posées ou gérer des demandes simples, permettant ainsi aux employés de se concentrer sur des tâches plus complexes et à plus forte valeur ajoutée.

- **RPA (Automatisation des Processus Robotiques)** : Cette technologie est parfaite pour automatiser des tâches répétitives et basées sur des règles, comme le traitement des factures ou la gestion des paiements. Les RPA libèrent du temps pour les employés et réduisent les erreurs humaines en prenant en charge des tâches qui, bien que nécessaires, peuvent être monotones. Dans le secteur financier, par exemple, le RPA est utilisé pour automatiser le traitement des transactions et améliorer l'efficacité.

- **Smart Workflows** : Utilisés pour gérer des processus métiers complexes nécessitant des décisions en temps réel, les smart workflows sont idéaux pour des secteurs comme la logistique et la gestion de la chaîne d'approvisionnement. En automatisant ces flux de travail, les entreprises peuvent s'assurer que les opérations se déroulent sans interruption et qu'elles peuvent s'adapter rapidement aux évolutions du marché ou aux imprévus.

- **Plateformes Low-Code** : Ces plateformes sont particulièrement adaptées aux entreprises ayant besoin de solutions personnalisées rapidement, sans nécessiter de vastes compétences techniques. Elles sont idéales pour le prototypage rapide et les projets nécessitant des modifications fréquentes, comme des applications internes qui répondent à des besoins évolutifs.

Comprendre les différentes options technologiques et choisir celle qui convient le mieux à son entreprise est une étape essentielle pour maximiser l'impact de l'IA. Chaque technologie a des forces spécifiques, et le choix de la solution dépend non seulement des besoins actuels, mais aussi de la vision à long terme de l'organisation.

Avec une connaissance approfondie de ces technologies et une stratégie bien définie, les entreprises publiques comme privées peuvent se doter d'outils puissants pour relever les défis modernes et optimiser leurs opérations.

3. Exécution et Implémentation dans les Entreprises

L'implémentation de l'IA dans les entreprises nécessite une approche stratégique et bien planifiée. Les entreprises doivent évaluer leurs besoins spécifiques, choisir les technologies appropriées, et former leur personnel pour assurer une utilisation efficace des nouvelles solutions.

Étape 1 : Évaluation des besoins : Avant de choisir une technologie, il est crucial d'identifier les domaines où l'IA peut apporter le plus de valeur. Cela peut inclure l'amélioration du service client, l'automatisation des tâches répétitives, ou l'analyse des données pour des décisions stratégiques.

Étape 2 : Sélection de la technologie : En fonction des besoins identifiés, les entreprises doivent choisir les outils et les plateformes les plus adaptés. Par exemple, une entreprise axée sur le service client peut opter pour des chatbots et des agents virtuels, tandis qu'une entreprise axée sur l'analyse des données peut privilégier les technologies de NLP et d'apprentissage automatique.

Étape 3 : Formation et développement : Former le personnel à l'utilisation des nouvelles technologies est essentiel pour garantir leur adoption et leur efficacité. Cela inclut non seulement la formation technique mais aussi une sensibilisation aux avantages et aux défis de l'IA.

Étape 4 : Intégration et test : L'intégration des solutions d'IA dans les systèmes existants doit être suivie de tests rigoureux pour s'assurer de leur fiabilité et de leur performance. Les tests permettent de détecter et de corriger les problèmes avant le déploiement à grande échelle.

Étape 5 : Suivi et Optimisation : Une fois les solutions d'IA déployées, un suivi régulier est nécessaire pour évaluer leur performance et apporter des ajustements. L'optimisation continue garantit que les systèmes restent efficaces et alignés avec les objectifs de l'entreprise.

4. Exécution et Implémentation dans les Entreprises Publiques

L'intégration de l'intelligence artificielle dans les entreprises publiques requiert une approche unique, qui respecte à la fois les exigences réglementaires et les attentes des citoyens. Pour ces entités, l'IA ne doit pas être perçue comme un simple outil de productivité mais comme un moyen d'améliorer les services publics de manière transparente et responsable. Voici quelques éléments clés pour réussir l'implémentation de l'IA dans les organisations publiques, avec des exemples pratiques.

Transparence et Responsabilité

La transparence est fondamentale dans le secteur public, où la confiance du public est cruciale. Quand l'IA est utilisée pour interagir directement avec les citoyens, comme dans le cas des chatbots ou des réponses automatisées, il est essentiel que les utilisateurs sachent qu'ils sont en train de dialoguer avec un programme et non une personne. Par exemple, une administration qui utilise un assistant virtuel pour répondre aux questions des citoyens pourrait inclure un message tel que : *"Ce message a été généré automatiquement par un assistant virtuel."* Ce type d'avertissement simple permet au citoyen de comprendre qu'il ne communique pas avec un humain, mais avec une machine, ce qui aide à établir des attentes réalistes et à renforcer la transparence.

En parallèle, la responsabilité est un aspect incontournable. En cas d'erreurs ou de dysfonctionnements, les institutions publiques doivent prendre en charge la situation et expliquer au public les mesures correctives mises en place. Par exemple, si un algorithme utilisé pour l'attribution de logements sociaux génère une erreur dans le processus de sélection, une équipe dédiée au suivi et à la supervision des décisions de l'IA pourrait être mobilisée pour réexaminer les décisions prises. Cela garantit non seulement une prise en charge rapide des problèmes, mais aussi une communication proactive avec les citoyens, renforçant ainsi la confiance du public dans l'usage de l'IA.

Collaboration et Partenariats

Pour les entreprises publiques, l'IA peut représenter une technologie complexe à mettre en œuvre en interne. C'est pourquoi des partenariats stratégiques avec des entreprises technologiques ou des institutions académiques sont essentiels. Ces collaborations permettent non seulement de partager les connaissances et les ressources, mais aussi d'accéder aux dernières avancées technologiques.

Prenons l'exemple du secteur de la santé. Lors de la pandémie de COVID-19, des hôpitaux publics ont travaillé en étroite collaboration avec des entreprises technologiques pour déployer des systèmes d'IA capables d'optimiser la répartition des lits de soins intensifs et des ventilateurs. Grâce à ces partenariats, les hôpitaux ont pu utiliser des outils d'analyse de données en temps réel pour prendre des décisions éclairées, priorisant les patients selon la gravité de leur état et la disponibilité des ressources. Ce type de collaboration montre comment des partenariats peuvent avoir un impact direct sur la qualité des services publics, en particulier en période de crise.

Formation et Sensibilisation

La mise en place de l'IA dans les entreprises publiques nécessite une formation adéquate pour que le personnel soit non seulement à l'aise avec ces nouvelles technologies, mais aussi capable de les utiliser de manière efficace et éthique. La formation ne se limite pas à l'apprentissage technique ; elle doit également inclure des instructions sur la manière de gérer les situations où l'IA peut produire des résultats inattendus ou non conformes aux attentes.

Par exemple, dans une administration publique qui utilise l'IA pour traiter les demandes de permis, il est essentiel que les agents sachent interpréter les résultats générés par l'IA, et soient également capables de détecter des anomalies ou des erreurs. Une formation continue peut être organisée pour aider les agents à gérer ces interactions avec l'IA, en insistant sur les étapes à suivre pour valider ou corriger les décisions de l'IA lorsque cela est nécessaire. Ce type de préparation renforce la confiance des employés dans les systèmes d'IA et garantit que les technologies sont utilisées de manière responsable et sécurisée.

Pour les entreprises publiques, l'IA est bien plus qu'un simple outil ; c'est un levier puissant pour moderniser les services, renforcer la réactivité, et améliorer la satisfaction des citoyens. Ces étapes permettent de garantir que l'IA sert réellement l'intérêt public, tout en apportant des bénéfices tangibles pour la communauté

L'implémentation de l'IA dans les entreprises publiques et privées nécessite une compréhension claire des technologies disponibles et de leurs applications spécifiques. En suivant un cadre structuré pour l'évaluation, la sélection, et l'exécution des solutions d'IA, les gestionnaires peuvent maximiser les avantages de l'IA, améliorer l'efficacité opérationnelle et maintenir leur compétitivité. Le choix entre les logiciels d'IA, l'intégration dans une plateforme, les agents d'IA, le RPA, les smart workflows et les plateformes low-code doit être guidé par les besoins spécifiques de l'entreprise et les ressources disponibles. En fin de compte, une mise en œuvre réussie de l'IA peut transformer les opérations, réduire les coûts et préparer l'entreprise pour l'avenir.

21

Chapitre 5 : La Synergie de l'IA et d'autres Technologies

L'intelligence artificielle (IA) a été à l'avant-garde de nombreuses innovations technologiques ces dernières années. Cependant, c'est en combinant l'IA avec d'autres technologies avancées que l'on peut réellement libérer tout son potentiel et résoudre certains des problèmes les plus complexes et les plus pressants du monde. Dans ce chapitre, nous allons explorer comment la synergie entre l'IA et des technologies telles que la robotique, l'informatique quantique, la réalité virtuelle, et la chirurgie médicale peut mener à des solutions innovantes et efficaces.

1. La Robotique et l'IA

La robotique est l'un des domaines où la combinaison avec l'IA a montré des résultats remarquables. Les robots dotés d'IA sont capables de réaliser des tâches de manière autonome, d'apprendre de leurs interactions et de s'adapter à des environnements changeants. Un exemple frappant de cette combinaison est l'utilisation de robots dans l'industrie manufacturière.

Tesla

Tesla utilise des robots intelligents dans ses usines pour l'assemblage de véhicules. Ces robots, équipés de systèmes d'IA, peuvent effectuer des tâches complexes telles que le soudage, le montage de pièces, et le contrôle de la qualité. L'IA permet aux robots de détecter les défauts avec une précision inégalée et d'apprendre de chaque cycle de production pour améliorer constamment l'efficacité et la qualité. Grâce à cette synergie, Tesla a réussi à réduire les coûts de production tout en augmentant la précision et la vitesse de fabrication.

2. L'Informatique Quantique et l'IA

L'informatique quantique promet de révolutionner la manière dont nous traitons les données. En combinant l'IA avec l'informatique quantique, nous pouvons résoudre des problèmes qui étaient auparavant inaccessibles en raison de leur complexité.

Google et le Quantum AI Lab

Google, avec son Quantum AI Lab, explore comment l'informatique quantique peut améliorer les algorithmes d'IA. Par exemple, l'optimisation de routes pour la logistique, la modélisation de nouvelles molécules pour les médicaments, et la résolution de problèmes complexes en physique. En utilisant des ordinateurs quantiques, Google a démontré qu'il est possible de réaliser des calculs en quelques secondes, ce qui prendrait des milliers d'années avec des ordinateurs classiques.

3. La Réalité Virtuelle (RV) et l'IA

La réalité virtuelle, lorsqu'elle est combinée à l'IA, peut transformer des expériences immersives en interactions intelligentes. L'IA peut améliorer les environnements virtuels en les rendant plus interactifs et adaptatifs.

La Formation Médicale

La formation médicale est un domaine où l'IA et la RV se complètent parfaitement. Des simulateurs de chirurgie, équipés d'IA, permettent aux étudiants en médecine de pratiquer des procédures complexes dans un environnement virtuel sûr. Ces simulateurs peuvent évaluer les performances des étudiants, fournir des feedbacks instantanés, et adapter les scénarios en fonction du niveau de compétence de chaque étudiant. Cela améliore la qualité de la formation tout en réduisant les risques associés à la pratique sur des patients réels .

4. La Chirurgie Médicale et l'IA

L'IA révolutionne également la chirurgie médicale. Les systèmes chirurgicaux assistés par IA permettent des opérations plus précises et moins invasives.

Le Robot Da Vinci

Le robot chirurgical Da Vinci est une technologie qui combine robotique avancée et intelligence artificielle. Utilisé pour des interventions chirurgicales complexes, ce système permet aux chirurgiens de réaliser des opérations avec une précision accrue, des incisions plus petites, et une récupération plus rapide pour les patients. L'IA aide le robot à analyser en temps réel les mouvements du chirurgien et à les traduire en actions précises, minimisant ainsi les erreurs humaines.

La combinaison de l'IA avec d'autres technologies ouvre de nouvelles possibilités pour l'innovation et la résolution de problèmes complexes. Dans un monde où les défis deviennent de plus en plus intriqués, l'interdisciplinarité et la synergie technologique sont essentielles pour progresser. Les gestionnaires d'entreprise doivent donc être ouverts à l'exploration de ces combinaisons pour améliorer leurs opérations et rester compétitifs.

En résumé, pour maximiser le potentiel de l'IA, il est crucial de l'intégrer avec d'autres technologies. Cela permettra non seulement de résoudre des problèmes plus efficacement, mais aussi de créer de nouvelles opportunités et de transformer fondamentalement la manière dont nous travaillons et vivons.

22

Résumé de la Partie 2 - L'Intelligence Artificielle dans l'Automatisation et l'Optimisation des Entreprises

D ans cette partie, nous avons exploré en profondeur comment l'intelligence artificielle (IA) transforme la manière dont les entreprises fonctionnent en automatisant les tâches effectuées par les humains et en augmentant l'efficacité opérationnelle. L'IA, avec ses diverses capacités telles que la vision par ordinateur, l'exécution, le langage, l'apprentissage et la pensée, ouvre des opportunités nouvelles et passionnantes pour les entreprises de toutes tailles. Ce résumé synthétise les principaux points abordés et met en lumière des exemples concrets pour illustrer l'impact de l'IA dans le monde des affaires.

Vision par Ordinateur

La vision par ordinateur permet aux programmes d'IA d'analyser des images, de détecter des objets, de reconnaître des visages et d'être déployés dans des environnements réels. Cette technologie est essentielle pour des applications telles que la surveillance, la reconnaissance de produits dans les chaînes de montage, et la gestion de la qualité.

Automatisation de la Qualité dans la Fabrication

Dans l'industrie manufacturière, les systèmes de vision par ordinateur sont utilisés pour inspecter les produits sur les chaînes de montage. Par exemple, des entreprises comme BMW utilisent des caméras intelligentes pour détecter les défauts de peinture et autres imperfections sur les véhicules. Ces systèmes permettent une inspection plus rapide et plus précise que les méthodes humaines traditionnelles, réduisant ainsi les coûts et augmentant la qualité des produits finis.

Langage Naturel

Le traitement du langage naturel (NLP) permet aux programmes d'IA de comprendre, de générer et d'interagir avec le langage humain. Cette capacité est cruciale pour les chatbots, les assistants virtuels, et les systèmes de traduction automatique.

Service Client Automatisé

Les chatbots alimentés par l'IA, comme ceux utilisés par Amazon et Zendesk, permettent aux entreprises de fournir un service client 24 heures sur 24 et 7 jours sur 7. Ces chatbots peuvent répondre aux questions courantes, résoudre des problèmes simples et diriger les clients vers des ressources appropriées. Cela libère les employés pour qu'ils se concentrent sur des tâches plus complexes nécessitant une intervention humaine.

Exécution des Programmes d'Intelligence Artificielle

L'exécution des programmes d'IA est une partie cruciale de l'automatisation, permettant aux ordinateurs d'accomplir les tâches pour lesquelles ils ont été programmés. Cela inclut des processus automatiques robotisés (RPA) et des workflows intelligents.

Capacité d'Apprendre et de Penser

L'IA est capable d'apprendre à partir des données, d'analyser, de prédire et de concevoir des solutions. Ces capacités sont essentielles pour l'analyse prédictive, l'optimisation des processus et l'amélioration continue.

Synergie avec d'Autres Technologies

La combinaison de l'IA avec d'autres technologies comme la robotique, l'informatique quantique, la réalité virtuelle et la chirurgie médicale multiplie l'impact de l'IA et permet de résoudre des problèmes plus complexes.

Intégration de l'IA dans les Infrastructures Existantes

Contrairement à ce que beaucoup de gestionnaires peuvent penser, l'adoption de l'IA ne nécessite pas toujours la création de nouveaux logiciels. Souvent, il s'agit simplement d'intégrer des programmes d'IA dans les infrastructures existantes pour accélérer les processus ou automatiser les systèmes en place.

Exemple : Amélioration des Systèmes de Gestion des Stocks

Les détaillants utilisent l'IA pour optimiser la gestion des stocks en intégrant des algorithmes de machine learning dans leurs systèmes existants. Par exemple, Walmart utilise l'IA pour prédire la demande de produits en analysant les données historiques de ventes, les tendances saisonnières et les événements externes. Cette intégration permet de réduire les ruptures de stock et les surplus, améliorant ainsi l'efficacité opérationnelle et la satisfaction des clients.

En conclusion, l'intelligence artificielle représente une opportunité transformative pour les entreprises, en automatisant et en optimisant les processus grâce à ses capacités de vision, d'exécution, de langage, d'apprentissage et de pensée. La combinaison de l'IA avec d'autres technologies amplifie encore plus ses avantages, permettant de résoudre des problèmes complexes et d'atteindre des objectifs autrefois inatteignables.

Pour les gestionnaires, la question à poser n'est pas par où commencer avec l'IA, mais plutôt où l'IA peut apporter le plus de valeur dans l'organisation. Identifier les inefficacités, les tâches répétitives et les domaines où les employés passent le plus de temps permet de cibler les premières applications de l'IA. De plus, il n'est pas toujours nécessaire d'embaucher une équipe d'ingénieurs IA; travailler avec des agences d'automatisation par l'IA peut être une solution avantageuse et rentable.

Adopter l'IA avec une approche stratégique et intégrée permet non seulement d'améliorer l'efficacité opérationnelle, mais aussi de libérer le potentiel humain pour des tâches plus créatives et à forte valeur ajoutée. Les entreprises qui embrassent cette transformation seront mieux placées pour prospérer dans un environnement de plus en plus compétitif et technologique.

23

Partie 3 : L'Implantation de l'IA dans une Organisation

L'intégration de l'intelligence artificielle (IA) dans une organisation est une aventure ambitieuse et complexe, bien plus qu'un simple investissement technologique. Pour qu'elle réussisse, il est indispensable de préparer soigneusement le terrain, non seulement sur le plan technique mais aussi humain et organisationnel. La mise en œuvre de l'IA nécessite une vision stratégique, une compréhension approfondie de l'impact potentiel sur l'équipe et les processus, et une gestion proactive des changements. Sans ces éléments, l'implantation de l'IA peut générer davantage de défis que d'avantages.

Imaginons une entreprise de logistique qui décide d'implémenter l'IA pour optimiser les trajets de livraison. Bien que la technologie puisse calculer les routes les plus efficaces, si les équipes sur le terrain n'ont pas été préparées ou formées aux nouveaux outils, les erreurs et incompréhensions risquent de freiner les gains attendus, voire de provoquer des baisses de productivité. Cette situation met en lumière une réalité souvent sous-estimée : l'IA ne peut se déployer efficacement que dans un environnement adapté, avec des équipes prêtes et des processus bien établis.

La Partie 3 de ce livre aborde les défis uniques auxquels les organisations font face lors de l'implantation de l'IA, ainsi que les solutions pour les surmonter. Les chapitres suivants traiteront des éléments clés à maîtriser pour réussir cette transformation, en partant des obstacles organisationnels jusqu'à la création d'une structure de gouvernance adaptée. En passant par les défis liés aux données, aux coûts, et aux compétences, nous allons explorer des exemples concrets et des stratégies pratiques pour aider les gestionnaires et dirigeants à intégrer l'IA de manière réfléchie et durable.

En somme, cette partie du livre vise à offrir un cadre clair et pragmatique pour les entreprises publiques et privées qui souhaitent tirer parti des opportunités de l'IA tout en minimisant les risques. Une fois les bases bien établies, l'IA peut devenir un puissant levier pour optimiser les opérations, accroître la productivité et créer de nouvelles opportunités de croissance.

24

Chapitre 1 : Les Défis de l'Implantation de l'IA

L'implantation de l'IA dans une organisation comporte plusieurs défis majeurs. Ces défis peuvent être classés en quatre catégories principales : les défis managériaux, les défis liés aux données, les défis liés aux coûts, et les défis organisationnels.

1. Les Défis Managériaux

Vision et Soutien de la Direction

L'un des principaux défis managériaux dans l'implantation de l'IA est la vision de la direction et son soutien aux projets d'IA. Bien que l'IA soit de plus en plus reconnue pour son potentiel transformationnel, certains gestionnaires craignent encore que cette technologie ne remplace des compétences humaines et menace certains rôles. Cette hésitation peut freiner les initiatives d'IA et limiter leur impact. Il est donc crucial d'avoir une direction qui non seulement comprend les avantages de l'IA, mais qui est également prête à mobiliser les talents nécessaires et à encourager une culture d'innovation.

Par exemple, **Siemens** a introduit l'IA pour optimiser ses processus de maintenance prédictive dans ses installations industrielles. Les techniciens de maintenance, initialement sceptiques et préoccupés par l'impact de l'IA sur leurs rôles, ont exprimé des inquiétudes quant à la possibilité que la technologie remplace leur expertise. Pour surmonter cette résistance, la direction de Siemens a mis en place un programme de formation approfondi pour ses techniciens. Ce programme leur a montré comment l'IA pouvait les aider à diagnostiquer les problèmes plus rapidement et se concentrer sur des tâches à plus forte valeur ajoutée, telles que l'optimisation des processus et l'analyse avancée de données.[28]

En démystifiant l'IA et en montrant ses avantages pratiques, Siemens a réduit la résistance initiale et a réussi à obtenir un soutien plus large pour le projet. Cette démarche a facilité une adoption plus fluide de l'IA et à améliorer l'efficacité opérationnelle de l'entreprise, démontrant ainsi l'importance de la vision et du soutien de la direction pour surmonter les défis managériaux.

Gestion du Changement

L'implémentation de l'IA dans une organisation implique souvent une transformation importante des processus et des méthodes de travail. La gestion de ce changement nécessite des leaders forts et engagés pour guider l'organisation à travers cette transition. La résistance au changement est une réaction naturelle, surtout lorsque les employés craignent que l'IA remplace des aspects de leur travail. Toutefois, cette résistance peut être réduite par une communication claire, une formation adéquate et une démonstration des avantages concrets que l'IA peut offrir.

Un exemple concret est celui de BlueScope, un fabricant australien d'acier, qui a intégré la solution de maintenance prédictive Senseye de Siemens. Cette initiative a servi de catalyseur pour le changement au sein de l'organisation, en facilitant le partage des connaissances et en soutenant la stratégie de transformation numérique de l'entreprise. Colin Robertson, responsable de la transformation numérique chez BlueScope, a déclaré : « Senseye Predictive Maintenance a été plus qu'un outil, c'est un catalyseur de changement dans notre organisation. »[29]

Cet exemple illustre comment une entreprise peut surmonter les défis liés à l'adoption de l'IA en mettant en œuvre des solutions qui non seulement améliorent les processus opérationnels, mais favorisent également une culture d'innovation et de partage des connaissances.

2. Les Défis Liés aux Données

Données Structurées et Non Structurées

Il existe trois types de données : les données structurées, les données non structurées et les données semi-structurées. Les données structurées sont des données organisées dans des formats prédéfinis, comme des bases de données relationnelles, tandis que les données non structurées comprennent des informations non organisées, comme des e-mails, des documents, des images et des vidéos. La majorité des données disponibles dans les organisations sont non structurées, ce qui pose un défi supplémentaire pour leur traitement et leur utilisation par les systèmes d'IA.

Accès aux Données

Pour qu'un projet d'intelligence artificielle soit réellement efficace, l'accès à des données complètes et fiables est indispensable. Cependant, dans une organisation, les données peuvent être dispersées dans divers départements ou sous la responsabilité de plusieurs détenteurs, chacun ayant ses propres priorités et préoccupations, notamment en matière de sécurité et de confidentialité. Si certaines parties prenantes sont réticentes à partager ces données ou si les données obtenues sont partielles, cela peut sérieusement compromettre l'efficacité du projet d'IA.

Imaginons, par exemple, un hôpital souhaitant utiliser l'IA pour améliorer la détection des maladies rares à partir d'imageries médicales. Pour que cette IA fonctionne, elle a besoin de nombreuses images et d'un historique médical détaillé pour « apprendre » à identifier les signes subtils de ces maladies. Cependant, les images médicales et les dossiers patients peuvent être dispersés dans différents services : radiologie, oncologie, cardiologie, etc. Chaque service peut voir ses données comme sensibles et donc hésiter à les partager. De plus, les contraintes réglementaires sur la confidentialité des données de santé ajoutent une couche de complexité : toute utilisation des données doit se faire en conformité avec des règles strictes pour protéger la vie privée des patients.

Dans ce contexte, l'hôpital pourrait décider de centraliser toutes ces données dans un système sécurisé et unique, de sorte que chaque service puisse contribuer à enrichir la base de données sans compromettre la sécurité ou la confidentialité. Des protocoles stricts seraient mis en place pour s'assurer que seules les personnes et systèmes autorisés peuvent y accéder. Parallèlement, des accords de partage de données seraient signés avec des partenaires externes, tels que des chercheurs ou des développeurs d'IA, pour garantir que les données sont exclusivement utilisées à des fins médicales et conformes aux objectifs du projet.

Ce type de projet de centralisation des données, bien qu'ambitieux, permet de poser des bases solides pour l'IA, tout en respectant les droits des patients et en assurant la coopération des différents départements. L'exemple montre bien que l'accès aux données est un défi majeur, mais qu'il peut être surmonté avec une approche organisée et collaborative.

Sécurité et Confidentialité des Données

Lorsqu'on travaille avec des agences externes, la sécurité et la confidentialité des données deviennent des préoccupations majeures. Il est recommandé de signer des accords de non-divulgation et d'assurer que les ordinateurs utilisés pour le développement de l'IA restent sous le contrôle de l'organisation. Des mesures de sécurité strictes doivent être mises en place pour prévenir toute fuite de données.

3. Les Défis Liés aux Coûts

Coût des Ressources Humaines et Technologiques

Recruter une équipe de développeurs et d'ingénieurs spécialisés en IA ou engager une agence externe représente un investissement considérable. Il est important d'évaluer soigneusement le coût par rapport au retour sur investissement attendu. Plutôt que de créer un logiciel d'IA de toutes pièces, une approche souvent plus rentable consiste à intégrer des solutions d'IA dans les systèmes existants de l'organisation.

Par exemple, une entreprise de vente au détail pourrait intégrer un système d'IA pour analyser les données des clients et personnaliser les offres sans avoir à développer un nouveau logiciel à partir de zéro. Cette approche permet de réduire les coûts et de maximiser l'utilisation des ressources existantes.

Retour sur Investissement (ROI)

Les gestionnaires doivent s'assurer que les coûts liés à l'implémentation de l'IA sont justifiés par les bénéfices potentiels. Cela inclut non seulement des économies de coûts, mais aussi des gains en termes d'efficacité, de productivité et de satisfaction client. Une analyse de rentabilité détaillée est essentielle pour évaluer les avantages à long terme de l'adoption de l'IA.

4. Les Défis Organisationnels

Compétences et Formation des Utilisateurs

Lorsqu'une organisation décide d'implémenter l'IA, un défi important peut résider dans les compétences techniques des employés. Utiliser des outils d'IA de manière efficace requiert souvent des connaissances spécifiques que tout le personnel n'a pas nécessairement. Pour tirer le meilleur parti de ces nouvelles technologies, les entreprises doivent investir dans des programmes de formation pour leurs équipes, leur permettant de se familiariser avec les systèmes d'IA, de comprendre les bases de leur fonctionnement et d'apprendre à signaler et gérer les erreurs éventuelles.

Par exemple, imaginons une institution financière qui adopte un système d'IA pour détecter des activités suspectes dans les transactions. Sans une formation adéquate, les employés pourraient mal interpréter les alertes générées par le système, réduisant ainsi l'efficacité du programme de détection de fraude. En proposant une formation complète, couvrant à la fois l'utilisation des nouveaux outils et des principes de base en IA, l'organisation peut s'assurer que son personnel est mieux préparé à utiliser cette technologie de manière proactive. De plus, en intégrant des experts en IA pour accompagner les équipes, l'entreprise facilite l'adoption de la technologie et renforce la confiance des employés envers les nouveaux processus.

Culture d'Innovation

La mise en œuvre réussie de l'IA nécessite une culture d'innovation au sein de l'organisation. Cela signifie encourager la prise de risques, favoriser la créativité et promouvoir une mentalité de croissance. Les organisations qui réussissent à intégrer l'IA sont souvent celles qui valorisent l'expérimentation et l'amélioration continue.

Gestion de la Transition

La transition vers l'utilisation de l'IA nécessite une gestion rigoureuse pour éviter les perturbations dans les opérations quotidiennes. Cela peut inclure la mise en place de phases pilotes, des tests rigoureux et des plans de contingence pour gérer les éventuelles défaillances. Un exemple pertinent est celui des compagnies aériennes qui utilisent l'IA pour optimiser les horaires de vol et la gestion des équipages. Une transition bien gérée peut améliorer l'efficacité opérationnelle et réduire les retards.

L'implantation de l'IA dans une organisation est un processus complexe qui présente de nombreux défis, mais qui offre également des opportunités considérables. Les gestionnaires doivent être conscients de ces défis et adopter une approche stratégique pour assurer le succès de leurs initiatives d'IA. En mobilisant les talents, en assurant l'accès à des données de qualité, en gérant les coûts de manière efficace et en créant une culture d'innovation, les organisations peuvent maximiser les avantages de l'IA et transformer leurs opérations pour un avenir plus performant et compétitif.

25

Chapitre 2: Soutien de la Haute Direction, Vision, Gouvernance et Structure

L e soutien de la haute direction, une vision claire, une gouvernance solide et une structure bien définie sont les piliers essentiels pour une transformation réussie par l'intelligence artificielle (IA). Ce chapitre explore l'importance de ces éléments et fournit des conseils pratiques pour les gestionnaires afin de maximiser les chances de succès de leurs projets d'IA.

1.Le Soutien de la Haute Direction

Le soutien de la haute direction est crucial pour toute initiative de transformation organisationnelle, en particulier lorsqu'il s'agit d'implémenter l'IA. Ce soutien ne se limite pas à l'approbation initiale du projet ; il doit être continu et visible.

General Electric (GE): Lorsque GE a décidé d'intégrer l'IA dans ses processus de maintenance prédictive pour ses turbines à gaz, le PDG de l'époque, Jeff Immelt, a joué un rôle actif dans le projet. Il a fréquemment communiqué sur les progrès et les avantages attendus de l'initiative, ce qui a renforcé l'engagement des employés à tous les niveaux de l'organisation .

2.La Vision

Une vision claire est essentielle pour orienter les efforts et les ressources vers des objectifs précis. La vision doit définir ce que l'organisation veut accomplir avec l'IA et comment cette technologie s'intègre dans sa stratégie globale.

Exemple de vision: "Notre objectif est d'augmenter la satisfaction client de 20% en un an grâce à l'intégration de l'IA. Nous allons commencer par déployer un chatbot personnalisé sur notre site web pour fournir des réponses instantanées 24/7, puis analyser les retours clients pour améliorer nos produits et services en temps réel."

3.Gouvernance

La gouvernance d'entreprise joue un rôle clé dans la création d'un environnement favorable à l'innovation et à l'adoption de nouvelles technologies. Une gouvernance efficace garantit que les projets d'IA sont alignés avec les objectifs de l'organisation, qu'ils respectent les normes éthiques et qu'ils sont gérés de manière transparente.

Par exemple, Google avait mis en place un comité d'éthique de l'IA pour superviser l'utilisation de cette technologie dans ses produits et services. Ce comité est chargé de s'assurer que les projets d'IA respectent les principes éthiques et de protéger les données des utilisateurs .(Actuellement ce comité est dissout à cause des plaintes des employés)

4.Structure

Une structure organisationnelle adéquate est nécessaire pour soutenir la mise en œuvre de l'IA. Cela inclut la formation d'équipes multidisciplinaires et la création de comités temporaires pour superviser les initiatives de transformation.

Par exemple Microsoft a créé une équipe dédiée à l'IA, composée de chercheurs, d'ingénieurs et de spécialistes de la gestion du changement.

Cette équipe travaille en étroite collaboration avec différents départements pour intégrer l'IA de manière cohérente dans l'ensemble de l'entreprise .

5.Promouvoir un Environnement Sain et Propice à l'Innovation

Un environnement de travail sain et propice à l'innovation est crucial pour le succès des projets d'IA. Cela inclut la promotion de la collaboration, l'encouragement à la créativité et la mise en place de politiques qui soutiennent le bien-être des employés.

Adobe a mis en place des programmes de bien-être et des espaces de travail collaboratifs pour favoriser l'innovation. Ces initiatives ont conduit à une augmentation de la créativité et à l'adoption rapide de nouvelles technologies, y compris l'IA .

Le soutien de la haute direction, une vision claire, une gouvernance solide et une structure organisationnelle adéquate sont essentiels pour réussir la transformation par l'IA. En suivant les conseils et les exemples présentés dans ce chapitre, les gestionnaires peuvent créer un environnement propice à l'innovation et maximiser les chances de succès de leurs projets d'IA.

Chapitre 3: Préparation au Changement Organisationnel et Scalabilité de la Transformation par l'IA

L a transformation par l'intelligence artificielle (IA) est un voyage complexe qui nécessite une planification minutieuse et une exécution rigoureuse. La clé du succès réside dans une préparation adéquate et une stratégie claire pour étendre rapidement les capacités de l'IA dans l'ensemble de l'organisation. Ce chapitre fournit un cadre détaillé pour préparer votre entreprise à ces changements et pour mettre en œuvre l'IA de manière efficace et évolutive.

1.Prioriser et Définir un Schéma pour la Première Étape

La première étape vers la transformation par l'IA est de prioriser les actions et de définir un schéma clair. Cela implique de comprendre les objectifs stratégiques de l'organisation et de déterminer comment l'IA peut les soutenir. On peut bien citer la mis en place du projet appelé ORION (On-Road Integrated Optimization and Navigation) par UPS pour optimiser les itinéraires de livraison. Le projet a permis de réduire les distances de livraison de 100 millions de miles par an, économisant du temps et des coûts de carburant.

2.Identification des Processus à Automatiser

Une fois les priorités établies, il est essentiel d'identifier les processus susceptibles d'être automatisés. Cette étape permet de planifier les ressources et les efforts nécessaires pour une transformation efficace.L'exemple palpable qui a fait couler des encre des media sur internet était celui de JPMorgan. JPMorgan Chase a utilisé un programme d'IA appelé COIN (Contract Intelligence) pour analyser des documents juridiques et des accords de prêt. Cette automatisation a permis de réduire le temps nécessaire pour examiner les documents de 360 000 heures par an à quelques secondes.[30]

3.Redéfinir et Adapter les Processus

L'introduction de l'IA nécessite souvent une refonte des processus existants afin de tirer le meilleur parti de cette technologie. Il est essentiel que les nouveaux processus soient alignés avec les objectifs stratégiques de l'organisation pour en maximiser les avantages.

Imaginons qu'une grande chaîne de restauration rapide comme McDonald's décide de mettre en place des algorithmes de prédiction de la demande pour mieux gérer ses stocks.En intégrant l'IA pour analyser les habitudes d'achat et les données saisonnières, l'entreprise peut ajuster en temps réel ses commandes d'ingrédients et anticiper les fluctuations de la demande. Cela signifie que lorsqu'un produit est particulièrement demandé, les stocks sont mieux gérés, réduisant ainsi le risque de rupture de stock tout en évitant le gaspillage. En améliorant la précision de ses prévisions, l'entreprise peut ajuster ses commandes quotidiennes pour mieux répondre à la demande des clients tout en limitant les excès d'inventaire.

Ce type d'optimisation permet non seulement de réduire les coûts liés au gaspillage alimentaire, mais aussi de maximiser l'efficacité des opérations. Les gestionnaires peuvent également utiliser les données fournies par l'IA pour ajuster les offres et promotions en fonction des tendances observées, ce qui contribue à accroître la satisfaction client tout en soutenant les objectifs de durabilité de l'entreprise. Cette approche montre bien comment l'IA, lorsqu'elle est bien intégrée aux processus, peut transformer de manière significative la gestion des ressources et les pratiques d'approvisionnement.

4.Sélection et Essai des Logiciels d'IA Disponibles

Pour les entreprises souhaitant intégrer l'IA sans développer une solution sur mesure, l'utilisation de logiciels d'IA déjà disponibles sur le marché peut représenter un choix stratégique. Cependant, ce processus demande une approche réfléchie pour sélectionner les outils les plus adaptés aux besoins de l'organisation.

Étapes de la Sélection des Outils d'IA

- Définir les besoins et les objectifs : Avant de rechercher des outils d'IA, il est essentiel de comprendre ce que l'on attend de la technologie. Cela peut inclure des objectifs spécifiques comme l'amélioration du service client, la personnalisation des offres, ou l'optimisation des processus internes.
- Évaluer les fonctionnalités : Les logiciels d'IA diffèrent en termes de fonctionnalités. Certains sont spécialisés dans le traitement du langage naturel (comme les chatbots), tandis que d'autres se concentrent sur l'analyse prédictive, l'automatisation des tâches, ou l'apprentissage machine. Choisir le bon logiciel implique de comparer les fonctionnalités pour s'assurer qu'elles correspondent bien aux besoins de l'entreprise.
- Examiner les avis et retours d'expérience : Les avis clients et les études de cas peuvent fournir des insights précieux sur les performances et la fiabilité d'un logiciel d'IA. Il peut être utile de consulter des forums, des groupes de discussion professionnels, ou des plateformes de retours clients pour comprendre comment le logiciel fonctionne en conditions réelles.
- Tester le logiciel sur une période définie : Une période d'essai d'au moins 90 jours est recommandée pour observer la performance du logiciel d'IA

dans un environnement réel et vérifier qu'il s'intègre bien aux systèmes existants.

Sephora et l'IA pour Améliorer l'Expérience Client Sephora: Sephora a utilisé un chatbot basé sur l'IA pour transformer l'expérience client en ligne. Grâce à un test de plusieurs mois, l'entreprise a pu observer des améliorations significatives en termes d'engagement client. Les clients se sont montrés plus réceptifs aux recommandations de produits personnalisées proposées par le chatbot, ce qui a entraîné une augmentation des ventes en ligne et de la satisfaction client.[31]

5.Préparer les Infrastructures Nécessaires

L'implémentation d'une solution d'IA peut nécessiter des infrastructures spécifiques pour assurer le bon fonctionnement et la durabilité de la technologie. Cela comprend les équipements matériels, les compétences techniques et des plans d'intégration adaptés aux particularités de l'entreprise.

Les Composantes Clés de l'Infrastructure:

- Serveurs et stockage : Les logiciels d'IA, notamment ceux basés sur l'apprentissage machine, nécessitent souvent des serveurs dédiés pour gérer de gros volumes de données et exécuter des calculs intensifs.
- Formation du personnel : La préparation des équipes est essentielle. La mise en place de formations techniques permet aux employés d'utiliser et de superviser efficacement les outils d'IA, tout en développant les compétences pour identifier et résoudre les problèmes potentiels.
- Planification de l'implémentation : Des plans détaillés, incluant des phases de tests et des mesures de performance, permettent de s'assurer que l'outil sera déployé efficacement sans perturber les opérations existantes.

Capital One et l'Infrastructure Cloud pour l'IA

Capital One, une société de services financiers, a investi dans une infrastructure cloud robuste pour soutenir ses initiatives d'IA. En parallèle, elle a organisé des sessions de formation pour ses ingénieurs, ce qui a permis d'assurer une transition en douceur vers l'utilisation de cette technologie. Grâce à cette préparation, Capital One a pu déployer des outils d'IA plus rapidement et optimiser l'efficacité de ses opérations, notamment dans le domaine de la détection des fraudes et de la personnalisation des services.[32]

6. Gestion et Sécurité des Données

Les projets d'IA reposent sur des volumes importants de données, ce qui rend crucial une gestion rigoureuse et sécurisée de ces informations. Les entreprises doivent donc établir des protocoles pour la collecte, le stockage, et l'accès aux données.

Principes de Gestion et Sécurité des Données:

- Emplacement et sécurité du stockage : Le choix du lieu de stockage des données (serveurs sur site ou cloud) est essentiel pour garantir leur sécurité. Les données doivent être chiffrées pour éviter les fuites en cas de cyberattaques.
- Accès contrôlé : La gestion des autorisations d'accès est cruciale pour protéger les informations sensibles. Seules les personnes directement impliquées dans le projet d'IA devraient pouvoir accéder aux données.
- Respect des réglementations : En fonction de la région et du secteur d'activité, des normes spécifiques de confidentialité et de protection des données peuvent s'appliquer, comme le RGPD en Europe. Le respect de ces normes est impératif pour éviter des sanctions et maintenir la confiance des clients.

HSBC et la Gestion Sécurisée des Données HSBC: HSBC, une des principales banques internationales, a mis en place des protocoles de gestion des données rigoureux pour accompagner ses projets d'IA. Les données des clients sont stockées sur des serveurs sécurisés, et l'accès est strictement limité au personnel autorisé. Ces précautions assurent la conformité aux réglementations en vigueur et protègent les informations des clients, ce qui est essentiel pour un acteur de la finance qui gère des informations hautement sensibles.[33]

La préparation au changement organisationnel et la scalabilité de la transformation par l'IA nécessitent une approche méthodique et bien planifiée. En suivant les étapes décrites dans ce chapitre, les gestionnaires peuvent s'assurer que leur organisation est prête à tirer pleinement parti des avantages de l'IA.

27

Chapitre 4 : Les Piliers du Succès Durable de l'Implémentation de l'IA

L a réussite durable de l'implémentation de l'intelligence artificielle (IA) dans une organisation repose sur quatre piliers essentiels : la démocratisation de l'IA, la combinaison de l'IA avec d'autres technologies, l'IA générée par l'IA, et la synergie entre talents humains et intelligence artificielle. Ces quatre piliers constituent les fondations sur lesquelles les entreprises peuvent bâtir une stratégie d'IA solide, capable de transformer leurs opérations et de les rendre plus compétitives.

Pilier 1 : Démocratiser l'IA

La démocratisation de l'IA consiste à rendre cette technologie accessible à tous les employés, indépendamment de leurs compétences techniques, afin qu'ils puissent l'utiliser pour améliorer leurs activités quotidiennes. Ce processus ne se limite pas à l'achat de logiciels ou de technologies d'IA, mais implique une transformation de la culture organisationnelle.

Pourquoi est-ce crucial ?

Lorsque l'IA est accessible à tous les employés, les organisations peuvent libérer le potentiel de l'innovation collective. Les employés de différents départements peuvent s'approprier cette technologie pour résoudre des problèmes spécifiques et créer de la valeur ajoutée. Par exemple, selon une étude de McKinsey, les entreprises ayant démocratisé l'IA observent une productivité accrue de 20 % et une amélioration de la satisfaction des employés.

Stratégies pour Démocratiser l'IA

- **Utiliser des Plateformes No-Code et Low-Code** : Adopter des outils sans code (no-code) ou à faible code (low-code) permet aux employés sans compétences techniques de créer des solutions basées sur l'IA. Des plateformes comme **AppSheet** et **DataRobot** offrent des interfaces intuitives qui réduisent les obstacles à l'utilisation de l'IA.
- **Former et Sensibiliser les Employés** : Proposez des programmes de formation à tous les niveaux. Des ateliers d'introduction initient les non-techniciens aux concepts de base, tandis que des formations plus avancées permettent à ceux qui le souhaitent d'approfondir leurs connaissances.
- **Encourager une Culture d'Expérimentation** : Une culture de l'innovation favorise l'apprentissage par l'expérimentation. En permettant aux équipes d'essayer des outils d'IA sans crainte de l'échec, les entreprises renforcent leur adaptabilité et créent un climat de confiance.
- **Assurer une Gouvernance Efficace** : Mettez en place des comités de gouvernance de l'IA pour superviser les projets, s'assurer qu'ils respectent les normes éthiques et répondre aux exigences de sécurité des données.

Pilier 2 : La Convergence et synergie des Technologies

À l'ère du numérique, la convergence des technologies est devenue une force motrice essentielle pour l'innovation et l'efficacité organisationnelle. L'intelligence artificielle (IA), en tant que technologie clé, trouve une synergie puissante lorsqu'elle est combinée avec d'autres technologies émergentes telles que la robotique, le quantum computing, l'Internet des objets (IoT), et la blockchain. Cette partie explore comment cette convergence peut être exploitée pour créer des solutions plus robustes et pertinentes, et pourquoi cette approche intégrée est cruciale pour répondre aux défis contemporains. Même si nous avons déjà abordé ce sujet précédemment, nous allons en parler brièvement encore, parce qu'il fait partie des piliers importants pour la scalabilité de l'IA.

1.L'Objectif de l'Automatisation par l'IA

L'automatisation par l'IA vise à réduire les tâches répétitives manuelles et à améliorer l'efficacité grâce à ses capacités de vision par ordinateur, de traitement du langage naturel, d'apprentissage machine et de raisonnement. Pour que l'IA puisse exécuter des tâches humaines de manière plus rapide et précise, il est nécessaire de la combiner avec d'autres technologies complémentaires.

2.Synergie Inter-Technologique

2.1 La Robotique et l'IA

La combinaison de l'IA et de la robotique permet de créer des systèmes autonomes capables de réaliser des tâches complexes avec une grande précision. Par exemple, les robots industriels équipés de vision par ordinateur et de machine learning peuvent améliorer la production en détectant et corrigeant les erreurs en temps réel.

2.2 Quantum Computing et IA

Le quantum computing a le potentiel de transformer l'IA en lui permettant de traiter des volumes de données beaucoup plus importants et de résoudre des problèmes complexes à une vitesse exponentiellement supérieure.

2.3 IoT et IA

L'Internet des objets (IoT) génère d'énormes quantités de données à partir de capteurs connectés. En combinant l'IA avec l'IoT, ces données peuvent être analysées en temps réel pour des applications comme la maintenance prédictive, la gestion de l'énergie, et la logistique intelligente.

3.4 Blockchain et IA

La blockchain, avec ses capacités de décentralisation et de sécurité, peut être utilisée en combinaison avec l'IA pour créer des systèmes de gestion des données plus transparents et sécurisés. Par exemple, dans le secteur de la santé, l'IA peut analyser des données médicales stockées de manière sécurisée sur une blockchain pour améliorer le diagnostic et le traitement des patients.

Étude de cas: MedRec

MedRec, une solution développée par le MIT, utilise la blockchain pour stocker les données médicales des patients de manière sécurisée et décentralisée. L'IA analyse ces données pour fournir des recommandations médicales personnalisées, améliorant ainsi la qualité des soins et la gestion des dossiers médicaux.

3.Synergie Intra-Technologique

Combinaison des Capacités de l'IA

Au-delà des synergies inter-technologiques, il est crucial de considérer les synergies intra-technologiques au sein de l'IA elle-même. En combinant différentes capacités de l'IA telles que la vision par ordinateur, le deep learning, et le traitement du langage naturel, il est possible de créer des agents d'IA plus puissants et polyvalents.

IBM Watson: IBM Watson utilise une combinaison de machine learning, de traitement du langage naturel et de vision par ordinateur pour fournir des solutions dans divers domaines, notamment la santé, la finance et le service client. Par exemple, dans le domaine de la santé, Watson peut analyser des images médicales, comprendre des dossiers de patients écrits en langage naturel, et fournir des diagnostics et des recommandations de traitement basés sur les données les plus récentes de la littérature médicale.

L'Importance des API dans la Convergence Technologique

Les API (Interfaces de Programmation d'Applications) jouent un rôle crucial dans la facilitation de la synergie entre différentes technologies. Elles permettent aux applications de communiquer entre elles, rendant ainsi possible l'intégration de diverses technologies dans un seul système cohérent.

Comprendre et Utiliser les API

Pour les gestionnaires, même sans compétences en programmation, il est essentiel de comprendre ce qu'est une API et comment elle peut être utilisée pour améliorer l'efficacité et l'intégration des systèmes. Les API permettent de connecter des systèmes existants, d'intégrer de nouvelles technologies et d'automatiser les flux de travail.

Salesforce Salesforce utilise des API pour intégrer ses solutions CRM avec d'autres outils comme les plateformes de marketing automation, les systèmes ERP, et les outils d'analyse de données. Cette intégration permet aux entreprises d'avoir une vue d'ensemble de leurs opérations et d'optimiser leur gestion des relations clients.

La convergence des technologies, combinée à l'intelligence artificielle, ouvre des perspectives infinies pour l'innovation et l'efficacité organisationnelle. En exploitant la synergie entre l'IA et des technologies complémentaires comme la robotique, le quantum computing, l'IoT, et la blockchain, les organisations peuvent créer des solutions plus robustes et pertinentes. En outre, la compréhension et l'utilisation des API facilitent cette intégration, permettant aux gestionnaires de tirer pleinement parti de ces avancées technologiques.

En intégrant ces principes dans leur stratégie, les gestionnaires peuvent non seulement améliorer l'efficacité de leur organisation, mais aussi se positionner en tant que leaders dans l'adoption de technologies de pointe.

Pilier 3: L'IA Générée par l'IA – AutoML comme Catalyseur d'Innovation

Avec l'évolution rapide de l'intelligence artificielle (IA), une avancée significative a émergé : l'IA générée par l'IA, ou plus spécifiquement, l'AutoML (Automated Machine Learning). Cette technologie représente un tournant dans la manière dont les entreprises peuvent concevoir, développer et déployer des solutions d'IA, en simplifiant les processus de création de modèles d'IA et en les rendant accessibles aux non-experts. Ce chapitre explore en détail les aspects pratiques de l'AutoML, les étapes pour sa mise en œuvre et les outils disponibles, ainsi que des exemples et des stratégies pour les gestionnaires.

Qu'est-ce que l'AutoML et pourquoi est-ce important ?

AutoML automatise les étapes complexes du développement de modèles d'IA, notamment la sélection d'algorithmes, le pré-traitement des données, l'entraînement, et l'optimisation des paramètres. Cette approche permet à des équipes sans compétences en programmation ou en data science de construire des modèles de machine learning performants. L'AutoML est particulièrement pertinent pour les entreprises qui souhaitent intégrer l'IA dans leurs processus sans investir massivement dans le recrutement de spécialistes en IA.

Avantages Clés de l'AutoML pour les Entreprises

1. **Accessibilité accrue** : Avec l'AutoML, les équipes non techniques peuvent participer à des projets d'IA, permettant une adoption plus large et une implication accrue au sein de l'entreprise.
2. **Optimisation des coûts** : L'AutoML réduit la dépendance envers les experts en data science, diminuant les coûts de développement et accélérant le processus.
3. **Efficacité opérationnelle** : En automatisant des processus longs et complexes, l'AutoML permet de gagner du temps et de consacrer plus de ressources aux tâches à forte valeur ajoutée.
4. **Scalabilité** : Les modèles créés avec AutoML peuvent facilement être

déployés à grande échelle, favorisant ainsi l'innovation continue dans l'organisation.

1.Étapes pour Intégrer l'IA Générée par l'IA dans une Organisation

L'intégration de l'AutoML nécessite une approche structurée pour en tirer pleinement parti. Voici un processus en quatre étapes que les gestionnaires peuvent suivre pour assurer une mise en œuvre réussie.

1.1 Évaluer les Besoins et Identifier les Opportunités d'Automatisation

La première étape consiste à évaluer les processus qui peuvent bénéficier de l'IA. Cela inclut :

- **Analyser les Processus Actuels** : Identifiez les tâches répétitives ou les points de friction où l'IA pourrait ajouter de la valeur, comme la prévision de la demande, la détection de fraude ou l'optimisation de la chaîne d'approvisionnement.
- **Prioriser les Projets d'Automatisation** : Une fois les besoins identifiés, classez les projets par leur potentiel de retour sur investissement (ROI). Par exemple, une analyse de rentabilité pourrait révéler que l'automatisation de la gestion des stocks offre des gains rapides et mesurables.

1.2 Collecte de Données et Data Mining

La qualité des données est cruciale pour tout projet d'IA, et cela s'applique également à l'AutoML. Assurez-vous que les données collectées sont complètes, pertinentes et organisées.

- **Préparation et Nettoyage des Données** : Avant de lancer AutoML, les données doivent être nettoyées et formatées correctement. Cela implique de supprimer les valeurs manquantes, de transformer les variables catégorielles et de normaliser les données numériques.
- **Mining des Données pour Identifier les Patterns** : Utilisez des outils

de data mining pour extraire des informations pertinentes. Cela peut inclure l'analyse des comportements clients, l'optimisation des parcours utilisateurs, ou la prédiction des ventes futures.

Amazon utilise des techniques de data mining pour améliorer son système de recommandation de produits, ce qui a permis d'augmenter les ventes et d'améliorer l'engagement client.

1.3. Sélectionner les Outils AutoML Appropriés

Une fois les besoins et les données en place, le choix des bons outils AutoML devient essentiel. Voici quelques options populaires et leur application pratique en entreprise.

- **Google Cloud AutoML** : Outil de Google pour des projets nécessitant des modèles personnalisés dans les domaines de la vision, du langage naturel et des données structurées.
- *Application* : Les détaillants peuvent l'utiliser pour analyser les images des rayons et gérer automatiquement les stocks en fonction des niveaux de produits.
- **DataRobot** : Plateforme intuitive et performante pour les projets d'IA prédictive et l'analyse des risques.
- *Application* : Les banques et compagnies d'assurance peuvent utiliser DataRobot pour analyser les données des clients et identifier les comportements suspects pour la détection de fraude.
- **H2O.ai** : Outil open-source qui offre des solutions robustes pour les entreprises avec une flexibilité accrue.
- *Application* : Les entreprises de logistique peuvent utiliser H2O.ai pour optimiser les chaînes d'approvisionnement en analysant les données des expéditions et en identifiant les zones à améliorer.

2. Mettre en Œuvre et Gérer les Modèles d'IA

Après la création de modèles performants avec AutoML, la mise en œuvre et la gestion des modèles deviennent des étapes critiques.

- **Déploiement en Production** : Les modèles doivent être intégrés dans les systèmes existants de l'organisation de manière transparente. Cela implique des tests rigoureux pour garantir la fiabilité.
- **Surveillance Continue** : Les modèles d'IA doivent être surveillés pour maintenir leur performance, car des données ou des contextes changeants peuvent affecter leur précision.
- **Maintenance et Mise à Jour** : L'AutoML facilite l'apprentissage en continu, ce qui permet aux modèles de se mettre à jour avec de nouvelles données pour conserver une efficacité optimale.

General Electric (GE) a mis en œuvre une solution AutoML pour optimiser la maintenance prédictive de ses équipements. En utilisant l'IA pour anticiper les pannes, GE a réduit les temps d'arrêt non planifiés de 20 % et amélioré la durée de vie des équipements.

Les Défis et les Solutions pour Maximiser l'Impact de l'AutoML

Bien que l'AutoML soit un puissant outil d'accélération de la transformation numérique, son adoption peut présenter certains défis :

Complexité Technique : Bien que l'AutoML simplifie de nombreux processus, une compréhension technique reste nécessaire pour l'optimisation avancée.

- *Solution* : Former certains membres de l'équipe pour une expertise de base en IA, ou collaborer avec des consultants externes pour des cas spécifiques.

Qualité des Données : La performance des modèles dépend fortement de la qualité des données disponibles. Les données biaisées ou incomplètes peuvent fausser les résultats.

· *Solution* : Mettre en place une politique stricte de gouvernance des données pour assurer des données cohérentes et de qualité.

Sécurité et Éthique : Comme pour toute technologie d'IA, des préoccupations éthiques et de sécurité se posent, surtout lorsque les décisions impactent directement les clients.

· *Solution* : Établir des comités de gouvernance de l'IA et adopter des pratiques transparentes et responsables pour éviter les biais et garantir l'éthique de l'IA.

Pourquoi l'AutoML est un Pilier Incontournable de l'Innovation en Entreprise?

L'AutoML représente un puissant catalyseur d'innovation pour les entreprises en rendant l'IA accessible, rapide et scalable. En intégrant des outils comme Google Cloud AutoML, DataRobot, et H2O.ai, les organisations peuvent transformer leurs opérations, améliorer la prise de décision, et renforcer leur position concurrentielle. Pour les gestionnaires, il est essentiel de comprendre non seulement la valeur ajoutée de l'AutoML, mais aussi les étapes de sa mise en œuvre pour garantir un impact durable. L'AutoML n'est pas simplement une avancée technologique, c'est un atout stratégique pour toute entreprise cherchant à évoluer dans un monde de plus en plus axé sur les données et l'IA.

Pilier 4: La Synergie entre Talents Humains et Intelligence Artificielle

Avec l'avènement de l'intelligence artificielle (IA) et des technologies d'automatisation, il devient de plus en plus crucial de créer une collaboration harmonieuse entre les talents humains et l'IA. Cette synergie ne signifie pas seulement utiliser l'IA pour automatiser des tâches, mais bien travailler en tandem pour démultiplier les capacités humaines. Dans ce chapitre, nous explorerons comment la complémentarité entre les compétences humaines et l'IA peut transformer les organisations. Nous aborderons l'importance d'une culture collaborative, la formation des employés, la gouvernance éthique, et l'apport de cette synergie dans différents secteurs.

Pourquoi la Synergie entre Talents Humains et IA est-elle Cruciale ?

L'IA est extrêmement performante pour analyser des données massives, reconnaître des patterns et prendre des décisions basées sur des algorithmes. Cependant, elle manque de jugement, d'empathie et de la capacité de comprendre le contexte comme un être humain. Les humains, de leur côté, apportent de la créativité, une compréhension des nuances culturelles, et une capacité d'adaptation à des situations imprévues. Cette collaboration homme-machine crée des équipes hybrides, où les forces de chacun se complètent pour des résultats optimaux.

Comment Créer une Synergie Efficace ?

1. Développer une Culture Collaborative

Pour que l'IA devienne un allié, il est essentiel que les employés ne la perçoivent pas comme une menace à leur emploi, mais comme un outil qui enrichit leur travail. Une approche de transparence et de sensibilisation est cruciale pour apaiser les inquiétudes. Expliquez aux employés que l'IA est là pour automatiser les tâches répétitives, leur permettant ainsi de se concentrer sur des activités plus stratégiques et créatives.

Dans le secteur bancaire, des institutions telles que JPMorgan Chase ont intégré des algorithmes d'intelligence artificielle (IA) pour automatiser des tâches administratives, permettant ainsi à leurs conseillers de consacrer davantage de temps à l'interaction client et à la fourniture de conseils personnalisés. Par exemple, JPMorgan Chase a déployé un assistant IA, la LLM Suite, pour aider ses employés dans des tâches telles que la rédaction de courriels et de rapports, améliorant ainsi l'efficacité opérationnelle et la qualité du service client.[64]

De plus, une étude de McKinsey souligne que les entreprises ayant mis en place des initiatives d'IA collaboratives ont constaté une augmentation de 20 % de la satisfaction des employés et une réduction du turnover. Ces initiatives favorisent un environnement de travail plus engageant et productif, en permettant aux employés de se concentrer sur des tâches à plus forte valeur ajoutée.[65]

2. Former les Talents pour Interagir avec l'IA

Pour tirer pleinement parti des capacités de l'IA, les employés doivent être formés à l'utiliser et à interpréter ses résultats. Une formation spécifique qui initie les employés à la compréhension de l'IA et de ses limites est essentielle pour garantir une bonne interaction. Dans certains secteurs, cela peut signifier apprendre à interpréter des rapports générés par l'IA ou savoir ajuster des paramètres dans des systèmes automatisés.

Dans le secteur de la santé, l'IA est utilisée pour analyser des images médicales et identifier des signes précoces de maladies. Des formations spécialisées permettent aux radiologues de comprendre et interpréter les rapports de l'IA, ce qui augmente la précision des diagnostics. Cela crée une collaboration où l'IA sert d'assistant, mais où le diagnostic final repose sur le jugement du médecin.

3. Établir une Gouvernance Éthique de l'IA

Une gouvernance éthique bien définie est cruciale pour garantir que les modèles d'IA sont déployés de manière juste, transparente et sécurisée. Cette gouvernance doit inclure un suivi constant pour s'assurer que l'IA ne développe pas de biais discriminatoires et qu'elle respecte les normes de confidentialité. Les comités de gouvernance de l'IA peuvent également veiller à ce que les décisions prises par l'IA soient explicables et justifiables.

1.Applications Pratiques et Bénéfices de la Synergie Humain-IA

1.1.Interaction Homme-Machine

Les interfaces d'IA ont évolué pour devenir de plus en plus intuitives. Les assistants vocaux comme Alexa ou Siri, et les systèmes de traitement du langage naturel facilitent cette interaction en permettant aux utilisateurs d'interagir avec des machines de manière naturelle. Ces interfaces simplifient l'adoption de l'IA en rendant la technologie accessible sans nécessiter de compétences techniques.

Les entreprises de commerce de détail utilisent des assistants IA pour répondre aux questions des clients en temps réel, et permettent ainsi aux équipes de service client de se concentrer sur des requêtes plus complexes, augmentant ainsi la satisfaction des clients.

2.Collecte et Analyse de Données en Temps Réel

L'Internet des objets (IoT) combiné à l'IA permet aux entreprises de recueillir des données en continu et de les analyser en temps réel. Dans les entrepôts, les capteurs intelligents et les robots analysent les mouvements et optimisent l'organisation des stocks. Cela libère les employés des tâches de surveillance et leur permet de se concentrer sur des tâches plus stratégiques.

Amazon utilise l'IA et des robots dans ses entrepôts pour gérer les stocks de manière autonome. Les robots déplacent les articles et scannent les codes-barres, permettant une organisation rapide et efficace. Cette technologie, associée aux talents humains, augmente la capacité de stockage et réduit les délais de livraison.

3.Interfaces Cerveau-Machine

Les interfaces cerveau-machine (ICM) représentent une avancée majeure, en particulier pour les individus ayant des incapacités physiques. Elles permettent aux personnes de contrôler des dispositifs par la pensée. Cette technologie crée une synergie entre l'IA et le cerveau humain, ouvrant la voie à de nouvelles formes d'interaction et d'assistance médicale.

Neuralink, une entreprise fondée par Elon Musk, travaille sur une technologie permettant de contrôler des appareils via des signaux cérébraux. Cette innovation pourrait révolutionner la vie des personnes paralysées en leur permettant de manipuler des objets simplement en y pensant.

4.Défis Éthiques et Considérations de la Synergie Humain-IA

1. Éthique et Transparence

Avec des systèmes d'IA de plus en plus intégrés dans notre quotidien, il est essentiel de garantir leur transparence. Les entreprises doivent s'assurer que les décisions prises par l'IA sont compréhensibles pour les utilisateurs, en particulier dans les secteurs à haute responsabilité comme la santé ou la finance.

La réglementation RGPD en Europe impose aux entreprises de fournir une explication sur la façon dont les décisions de l'IA sont prises, garantissant ainsi la transparence pour les utilisateurs.

2. Sécurité et Vie Privée

L'IA dépend largement de la collecte de données, et cette collecte massive pose des problèmes de sécurité et de confidentialité. Il est crucial que les entreprises mettent en place des mesures robustes pour sécuriser les données et respecter la vie privée des utilisateurs.

Apple a introduit des politiques de confidentialité strictes pour garantir que les données collectées par Siri ne peuvent pas être associées à l'identité des utilisateurs. En combinant innovation et respect de la vie privée, Apple a montré comment l'IA peut être déployée de manière responsable.

La Synergie entre IA et Talents Humains, un Impératif pour l'Entreprise Moderne

La synergie entre talents humains et IA est essentielle pour maximiser les avantages des technologies émergentes tout en respectant les valeurs humaines fondamentales. En développant une culture collaborative, en formant les talents, en instituant une gouvernance éthique, et en intégrant l'IA dans les processus d'entreprise, les organisations peuvent s'assurer que l'IA ne remplace pas, mais enrichit le travail humain.

Les entreprises qui réussissent cette intégration constatent non seulement une amélioration de leur efficacité, mais également une augmentation de la satisfaction des employés et de la fidélité des clients. La synergie IA-humain ouvre la voie vers un avenir où la technologie et l'humain collaborent pour résoudre des problèmes complexes et créer une valeur durable.

28

Chapitre 5: Autres éléments que les gestionnaires doivent connaître dans cette ère de l'Intelligence Artificielle en matière de croissance et adoption technologique.

L orsqu'il s'agit de scaler(à grande échelle) des programmes d'intelligence artificielle (IA), il est crucial de penser à l'avenir, d'anticiper les tendances et d'inclure les technologies émergentes. Chaque gestionnaire doit se familiariser avec des concepts technologiques tels que le reinforcement learning, la blockchain pour la sécurité et l'intégrité des données, et la swarm robotics. Dans ce chapitre, nous explorerons ces technologies en détail pour aider les gestionnaires à mieux comprendre leur potentiel et leur application.

1. Apprentissage par Renforcement (Reinforcement Learning)

Même si nous avons déjà parlé de l'apprentissage par renforcement, nous allons en parler en détail parce que c'est une méthode puissante pour s'assurer d'avoir des modèles d'intelligences artificielles dont la fiabilité augmente avec le temps. L'apprentissage par renforcement (ou reinforcement learning) est une méthode d'intelligence artificielle fascinante, inspirée par la manière dont les humains et les animaux apprennent de leurs interactions avec leur environnement. Ce type d'apprentissage repose sur un principe simple mais puissant : l'essai et l'erreur. Dans ce cadre, une IA apprend à atteindre ses objectifs en réalisant des actions, en recevant des récompenses ou des pénalités en fonction de l'efficacité de ses actions, et en ajustant son comportement pour maximiser les récompenses futures.

L'apprentissage par renforcement diffère des autres approches d'apprentissage machine par son autonomie : l'IA n'est pas guidée par un ensemble de données prédéfinies ou des instructions détaillées, mais elle découvre elle-même quelles actions sont les plus efficaces. Ce modèle lui permet d'acquérir des compétences de manière dynamique et d'optimiser ses performances au fil du temps.

DeepMind et AlphaGo

L'un des exemples les plus célèbres d'apprentissage par renforcement est AlphaGo, développé par DeepMind, une filiale de Google. AlphaGo a révolutionné le domaine en battant le champion du monde du jeu de Go, un jeu notoirement complexe et stratégique. Pour atteindre ce niveau, AlphaGo a utilisé l'apprentissage par renforcement de manière intensive : il a joué des millions de parties contre lui-même, analysant chaque erreur pour en tirer des leçons et perfectionner sa stratégie. En ajustant continuellement ses tactiques, AlphaGo a fini par surpasser les compétences humaines, démontrant la puissance de l'apprentissage par renforcement pour maîtriser des tâches complexes et nuancées.

Autre Exemple Actuel : ChatGPT et l'Apprentissage des Réponses

Un exemple quotidien d'apprentissage par renforcement que nous pouvons observer est celui de ChatGPT. Lorsqu'il vous fournit une réponse, vous avez la possibilité d'évaluer la réponse avec des pouces en l'air (bonne réponse) ou des pouces vers le bas (mauvaise réponse). Ces évaluations servent de signaux de renforcement : elles permettent à ChatGPT de comprendre quelles réponses sont pertinentes et lesquelles nécessitent des ajustements. Ce processus d'évaluation continue l'aide à améliorer la qualité et la précision de ses réponses, affinant ainsi son modèle de manière continue.

Véhicules Autonomes

Le reinforcement learning est aussi essentiel pour le développement des véhicules autonomes. Les voitures autonomes apprennent à prendre des décisions complexes en temps réel, comme éviter des collisions, naviguer dans des situations imprévues, ou anticiper les comportements des autres conducteurs. Ces véhicules sont exposés à d'innombrables simulations d'accidents et d'événements imprévus, et chaque simulation fournit des données précieuses pour affiner leurs algorithmes de prise de décision. Ainsi, chaque erreur commise par le programme devient une opportunité d'apprentissage pour éviter les mêmes situations dans le futur, renforçant la sécurité et les performances des véhicules.

Avantages et Inconvénients de l'Apprentissage par Renforcement

Avantages

- **Capacité d'Apprentissage Autonome et Continuelle :** L'un des grands atouts de l'apprentissage par renforcement est sa capacité à apprendre de manière indépendante. Contrairement aux systèmes basés sur des données statiques, il peut adapter ses stratégies en temps réel et affiner ses compétences à mesure qu'il accumule de nouvelles expériences. Cette capacité à évoluer rend l'IA plus résiliente et mieux adaptée aux environnements en constante évolution.
- **Adaptabilité à des Situations Complexes et Non Prévues :** Le reinforcement learning est particulièrement efficace pour les situations où les règles sont ambiguës ou multiples. C'est pourquoi il est souvent utilisé dans des domaines comme les jeux vidéo, où l'IA doit naviguer dans des scénarios ouverts, ou la conduite autonome, où les véhicules doivent

réagir à des environnements imprévisibles.

- **Possibilité d'Autonomie Totale dans des Tâches Complexes :** En apprenant de ses succès et de ses échecs, une IA basée sur le reinforcement learning peut atteindre un niveau de compétence qui rivalise voire dépasse celui des humains. Cela la rend idéale pour des applications complexes nécessitant de l'autonomie, comme la gestion d'un entrepôt avec des robots, le trading algorithmique, ou encore les soins médicaux automatisés.

Inconvénients

- **Ressources et Temps nécessaires :** L'apprentissage par renforcement est un processus très coûteux en temps et en calculs. Pour qu'un modèle atteigne des performances élevées, il doit passer par de nombreux cycles d'essais et d'erreurs, ce qui peut nécessiter des milliers, voire des millions, d'itérations. Les entreprises doivent donc être prêtes à investir dans des capacités de calcul importantes.
- **Complexité des Données :** Pour apprendre efficacement, un modèle d'apprentissage par renforcement a besoin de données riches et variées, ce qui signifie des simulations réalistes ou de vastes environnements d'entraînement. Cela peut poser problème lorsque ces environnements sont coûteux ou difficiles à reproduire. Par exemple, simuler toutes les situations potentielles d'un véhicule autonome en conditions réelles est très difficile.
- **Risque de Biais d'Apprentissage :** Si le modèle d'apprentissage par renforcement est exposé à des données qui ne représentent pas adéquatement la réalité ou sont biaisées, il pourrait apprendre des comportements inappropriés ou non sécurisés. Dans des applications critiques comme la conduite autonome ou le domaine médical, ce risque est inacceptable et doit être soigneusement contrôlé.

Conseils Pratiques pour Intégrer le Reinforcement Learning en Entreprise

Pour les gestionnaires et chefs d'entreprise souhaitant intégrer le reinforcement learning dans leur organisation, il est essentiel de commencer par une évaluation des besoins et des objectifs spécifiques. Voici quelques stratégies pour une implémentation réussie :

- **Commencer par des Projets Simples et Mesurables :** Plutôt que de lancer des initiatives ambitieuses, il est souvent préférable de tester le reinforcement learning sur des processus moins complexes mais néanmoins stratégiques, comme l'optimisation de l'inventaire ou la gestion de la relation client.
- **Combiner le Reinforcement Learning avec des Modèles Pré Entraînés :** Le reinforcement learning peut être plus efficace lorsqu'il est combiné avec des modèles déjà entraînés pour certaines tâches spécifiques. Par exemple, un modèle de vision par ordinateur déjà entraîné pour la reconnaissance d'images peut être utilisé dans le cadre d'un projet de reinforcement learning en robotique, réduisant ainsi le temps d'apprentissage et les ressources nécessaires.
- **Mettre en Place un Suivi et une Évaluation Rigoristes :** Le renforcement constant nécessite un suivi méticuleux pour s'assurer que l'IA n'apprend pas de mauvais comportements ou ne développe pas de biais. Cela implique de mettre en place des protocoles de vérification réguliers et de tester le modèle dans des conditions réelles avant de le déployer à grande échelle.
- **Adopter une Infrastructure Cloud pour Économiser les Coûts :** L'IA de reinforcement learning est gourmande en calcul, et l'utilisation d'une infrastructure cloud pour gérer les charges de travail permet de réduire les coûts initiaux. Des plateformes comme Google Cloud, Amazon Web Services (AWS) ou Microsoft Azure proposent des solutions d'entraînement d'IA adaptées aux besoins des entreprises.

L'Apprentissage par Renforcement, un Atout pour l'Avenir

L'apprentissage par renforcement ouvre de nouvelles perspectives pour le développement de systèmes d'IA capables de s'adapter et de s'améliorer par eux-mêmes. Malgré ses coûts élevés et ses défis techniques, il permet aux entreprises d'intégrer des solutions d'IA plus autonomes et robustes, capables de fonctionner dans des environnements dynamiques et imprévisibles.

Des exemples comme AlphaGo, les systèmes de conduite autonome et même les fonctionnalités de ChatGPT montrent que le reinforcement learning est une technologie essentielle pour les innovations de demain. Pour les entreprises, il s'agit d'un investissement stratégique, surtout si elles parviennent à en maîtriser les avantages et à en surmonter les défis, ouvrant la voie à des applications révolutionnaires qui transformeront l'expérience client, les opérations et l'innovation.

2. Blockchain pour la Sécurité et l'Intégrité des Données

La blockchain est une technologie de registre distribué qui offre une sécurité et une transparence accrues pour les transactions et les données. Bien qu'elle ne soit pas une technologie d'IA, la blockchain peut jouer un rôle crucial dans l'automatisation en réduisant les tâches liées à l'authentification et à la vérification des informations.

Explication de la Blockchain

La blockchain fonctionne en enregistrant les transactions dans un registre public partagé par plusieurs ordinateurs, appelés nœuds. Chaque transaction est vérifiée par les nœuds et ajoutée à un bloc, qui est ensuite lié aux blocs précédents, formant une chaîne. Cette structure garantit que les données ne peuvent pas être altérées sans l'accord de tous les nœuds, ce qui rend la blockchain extrêmement sécurisée.

Avantages et Limitations

La blockchain automatise la vérification et sécurise les transactions, ce qui peut réduire considérablement les coûts et les efforts liés à ces processus. Cependant, elle consomme beaucoup d'énergie, avec une consommation moyenne de 600 KWh par transaction, et est limitée en termes de nombre de transactions par seconde.

Blockchain dans les Transactions Financières

Les institutions financières utilisent la blockchain pour sécuriser les transactions et réduire les fraudes. Par exemple, IBM a développé une plateforme de blockchain pour les transactions bancaires internationales, permettant des transferts de fonds plus rapides et plus sécurisés.

3. Swarm Robotics

La swarm robotics (robotique en essaim) est une technologie émergente qui utilise des comportements collaboratifs pour accomplir des tâches complexes, souvent au-delà des capacités humaines individuelles. Cette approche s'inspire des comportements collectifs observés chez les insectes sociaux, comme les fourmis ou les abeilles.

M-Blocks du MIT

En 2019, le MIT a développé un système appelé M-Blocks, composé de 16 cubes robotiques capables de s'identifier, de communiquer entre eux, de créer des structures, de grimper, de basculer, de sauter et de rouler. Cette innovation marque une avancée significative dans des domaines tels que la construction, les jeux et le secourisme.

Applications et Potentiel

La swarm robotics peut être utilisée dans diverses applications, allant de la construction automatisée à la recherche et au sauvetage. En intégrant l'intelligence artificielle, la blockchain et d'autres technologies, ces systèmes collaboratifs peuvent offrir des solutions robustes et innovantes.

Swarm Robotics en Agriculture

Dans le domaine de l'agriculture, des robots en essaim(*La robotique en essaim est une branche de la robotique appliquant les méthodes d'intelligence distribuée aux systèmes à plusieurs robots.Wikipedia*) peuvent être utilisés pour surveiller les cultures, appliquer des pesticides et récolter les produits. Ces robots travaillent de manière coordonnée pour optimiser les rendements et réduire les coûts.

Pour scaler efficacement les programmes d'IA , les gestionnaires doivent comprendre et intégrer des technologies émergentes comme le reinforcement learning, la blockchain et la swarm robotics. Ces technologies offrent des opportunités uniques pour améliorer l'efficacité, la sécurité et l'innovation dans diverses industries. En adoptant une approche proactive et en restant informés des dernières tendances, les gestionnaires peuvent positionner leurs organisations pour réussir dans un paysage technologique en constante évolution.

29

Résumé de la Partie 3: Surmonter les Défis et Maximiser l'Impact de l'IA dans les Organisations

L'intelligence artificielle (IA) est devenue un atout indispensable pour de nombreuses organisations, offrant des solutions innovantes pour améliorer l'efficacité, la productivité et la satisfaction client. Cependant, la mise en œuvre de l'IA présente plusieurs défis, qu'ils soient d'ordre managérial, technique ou éthique. Pour les gestionnaires, il est crucial de comprendre ces défis et de savoir comment les surmonter afin de réussir la transformation numérique de leur organisation.

Comprendre les Défis de l'Implémentation de l'IA

L'implémentation de l'IA n'est pas sans obstacles. Parmi les défis les plus courants, on trouve:

1. **Défis Managériaux:**

- **Résistance au Changement:** Les employés peuvent craindre pour leur emploi ou être réticents à adopter de nouvelles technologies.
- **Manque de Compétences:** La pénurie de talents en IA peut freiner l'adoption et la mise en œuvre efficaces de projets d'IA.
- **Alignement Stratégique:** Intégrer l'IA dans la stratégie globale de

l'entreprise nécessite une vision claire et une planification rigoureuse.

2. Défis Techniques:

- **Qualité et Disponibilité des Données:** L'IA nécessite des données de haute qualité et en grande quantité. L'accès à ces données peut parfois être limité.
- **Infrastructure Technologique:** Mettre en place l'infrastructure nécessaire pour supporter l'IA peut être coûteux et complexe.
- **Sécurité et Confidentialité:** Assurer la sécurité des données et respecter la confidentialité des utilisateurs est essentiel, surtout dans des secteurs sensibles comme la santé et les finances.

3. Défis Éthiques:

- **Biais et Discrimination:** Les algorithmes d'IA peuvent reproduire ou amplifier les biais existants dans les données, entraînant des décisions injustes.
- **Transparence et Explicabilité:** Il est crucial que les systèmes d'IA soient transparents et que leurs décisions puissent être expliquées aux utilisateurs et aux régulateurs.

Les Piliers de l'Implémentation de l'IA

- Pour surmonter ces défis, nous avons exploré plusieurs piliers essentiels qui guident la mise en œuvre réussie de l'IA:
- **Alignement Stratégique:** Intégrer l'IA dans la vision globale de l'entreprise et s'assurer que tous les niveaux de l'organisation comprennent son importance et ses implications.
- **Synergie Technologique:** Combiner l'IA avec d'autres technologies émergentes comme la robotique, la blockchain et le quantum computing pour créer des solutions innovantes et efficaces.
- **Formation et Développement des Compétences:** Investir dans la forma-

tion des employés pour qu'ils acquièrent les compétences nécessaires à l'utilisation et à la gestion des technologies d'IA.

· **Gestion du Changement:** Élaborer des stratégies pour gérer la résistance au changement et encourager l'adoption de nouvelles technologies au sein de l'organisation.

· **Éthique et Gouvernance:** Établir des politiques claires pour assurer l'utilisation éthique de l'IA, en minimisant les biais et en garantissant la transparence des décisions algorithmiques.

L'Importance de la Surveillance des Tendances

Pour les gestionnaires, il est également crucial de rester à jour sur les tendances technologiques. Le paysage de l'IA évolue rapidement, et les innovations constantes peuvent offrir de nouvelles opportunités pour améliorer les opérations et les services. En gardant un œil sur les tendances, les gestionnaires peuvent anticiper les changements et adapter leurs stratégies en conséquence.

Bien que l'implémentation de l'IA présente des défis considérables, les avantages potentiels en termes d'efficacité, de précision et d'innovation sont énormes. Les gestionnaires doivent être prêts à relever ces défis, en s'appuyant sur les piliers que nous avons explorés et en adoptant une approche proactive pour intégrer l'IA dans leurs organisations. En fin de compte, la clé du succès réside dans la capacité à gérer le changement, à former les talents et à utiliser les technologies de manière éthique et stratégique.

30

Partie 4 : Embrasser l'Avenir avec l'IA

J usqu'à présent, nous avons exploré les fondements de l'intelligence artificielle (IA), ses composantes, les termes associés, les défis liés à son implémentation, et les tendances futures de cette ère technologique. L'IA se révèle être un levier puissant pour alléger et optimiser les tâches manuelles souvent détestées par les humains. La croyance selon laquelle l'IA remplacera les travailleurs n'est pas totalement justifiée. Au contraire, comme l'a fait l'Internet, l'IA a le potentiel de créer de nouveaux emplois et opportunités. Ce sont ceux qui sauront bien utiliser l'IA dans leur travail qui remplaceront ceux qui ne le feront pas.

Certaines tâches ne pourront jamais être entièrement remplacées par l'IA. Cependant, l'IA peut transformer la façon dont nous travaillons, apportant efficacité et innovation dans nos activités quotidiennes. Tout comme la pandémie de COVID-19 a obligé les managers à repenser la manière de travailler ensemble, il est maintenant crucial de réfléchir à la collaboration entre humains et IA. C'est ici que les gestionnaires ont un rôle central à jouer. Ils doivent non seulement comprendre les potentialités de l'IA mais aussi envisager comment l'intégrer de manière harmonieuse dans leurs organisations.

Le focus de cette partie sera dirigé vers les actions concrètes que nous devons mettre en œuvre pour tirer le maximum de cette technologie d'actualité. Nous aborderons les stratégies pour adopter l'IA, les meilleures pratiques pour une intégration réussie, et les mesures nécessaires pour préparer les employés à travailler aux côtés de ces technologies avancées.

Le futur est imprévisible, mais cela ne nous empêche pas de nous préparer efficacement. En envisageant les scénarios possibles et en adoptant une approche proactive, les gestionnaires peuvent transformer leurs organisations et les rendre prêtes à saisir les opportunités offertes par l'IA. Cette partie du livre se concentrera sur ces questions fondamentales et offrira des perspectives et des outils pratiques pour naviguer dans l'ère de l'intelligence artificielle.

Préparez-vous à découvrir comment embrasser l'avenir avec l'IA, comment anticiper les changements à venir et comment positionner votre organisation pour réussir dans cette nouvelle ère technologique. Les chapitres suivants vous guideront à travers les stratégies, les études de cas, et les conseils pratiques pour maximiser le potentiel de l'IA et assurer un avenir prospère à votre entreprise.

31

Chapitre 1 : L'IA dans la Quatrième Révolution Industrielle

L a Quatrième Révolution Industrielle, un terme popularisé par Klaus Schwab, fondateur du Forum économique mondial, dans son livre publié en 2016, représente une transformation profonde de notre société. Cette révolution, tout comme ses prédécesseurs, marque un tournant significatif dans l'économie mondiale et notre manière de fonctionner.

1.Les Révolutions Industrielles Précédentes

1.1. La Première Révolution Industrielle

La Première Révolution Industrielle, qui a débuté à la fin du XVIIIe siècle, a introduit la machine à vapeur et la mécanisation de la production. Cette période a marqué la transition d'une société essentiellement agricole à une société industrielle. Les avancées dans les transports, notamment grâce aux chemins de fer, ont permis une augmentation massive de la production et ont facilité la distribution des biens à travers de grandes distances.

1.2. La Deuxième Révolution Industrielle

La Deuxième Révolution Industrielle, survenue à la fin du XIXe siècle, a vu l'émergence de l'électricité, de l'acier et de la production de masse. Cette ère a apporté des progrès significatifs dans les communications avec l'invention du téléphone et du télégraphe, ainsi que dans les transports avec l'avènement des automobiles et des avions. Les industries chimiques et électriques ont également connu une expansion rapide, transformant encore davantage l'économie mondiale.

1.3. La Troisième Révolution Industrielle

La Troisième Révolution Industrielle, qui a commencé au milieu du XXe siècle, a été caractérisée par l'informatique, l'automatisation et l'internet. Cette période a vu le passage à une économie numérique, avec l'essor des ordinateurs personnels et des technologies de l'information et de la communication. Ces avancées ont considérablement augmenté la productivité et ont transformé les secteurs industriels traditionnels, facilitant de nouvelles formes de commerce et d'interaction sociale.

1.4. La Quatrième Révolution Industrielle

La Quatrième Révolution Industrielle se distingue par l'interconnexion des technologies intelligentes et connectées, avec l'intelligence artificielle (IA) jouant un rôle central. Cette révolution est plus complexe et rapide que les précédentes, intégrant des technologies telles que l'Internet des objets (IoT), la robotique avancée, la blockchain, et bien sûr, l'IA.

L'IA, grâce à ses capacités de traitement et d'analyse de données, est en train de transformer divers secteurs. Elle permet d'automatiser les tâches répétitives, d'optimiser les processus et d'apporter des solutions innovantes à des problèmes complexes. Les gestionnaires doivent désormais penser à acquérir des compétences liées à ces technologies, non seulement pour eux-mêmes mais aussi pour leurs équipes. Ils doivent également envisager comment réorganiser les tâches au sein de leurs entreprises, sachant que l'IA prendra en charge de nombreuses tâches répétitives.

2.Réorganisation des Tâches et Redistribution des Richesses

Les gestionnaires doivent prioriser la formation continue pour leurs équipes afin de les préparer à utiliser l'IA de manière efficace. Les employés peuvent apprendre beaucoup des IA alimentées par des modèles de langage comme ChatGPT. L'automatisation des processus peut réduire les coûts et augmenter la profitabilité. Cela implique une redistribution potentielle des richesses au sein de l'entreprise, profitant à la fois aux investisseurs et aux employés.

Il est crucial de considérer les répercussions de l'IA sur la société. Les technologies révolutionnaires peuvent transformer les emplois, créant de nouveaux rôles tout en supprimant d'autres. Les gestionnaires doivent être préparés à gérer ces changements de manière équitable.

Options de Création et de Suppression de Postes

L'introduction de l'IA dans les entreprises offre à la fois des opportunités de création de nouveaux postes et des défis liés à la suppression d'emplois existants.

Création de Postes

Les ingénieurs en intelligence artificielle sont de plus en plus recherchés pour développer et mettre en œuvre des modèles d'IA. Par exemple, Google et Facebook embauchent massivement des ingénieurs en IA pour développer des produits basés sur l'IA, comme les systèmes de reconnaissance vocale et les algorithmes de recommandation. Les data scientists, qui analysent les données pour extraire des informations utiles et améliorer les processus décisionnels, sont également très demandés. Des entreprises comme Netflix et Amazon utilisent des data scientists pour analyser les comportements des utilisateurs et personnaliser les recommandations.

Les consultants en IA aident les entreprises à intégrer l'IA dans leurs processus métier. Par exemple, McKinsey & Company offre des services de conseil en IA pour aider les entreprises à transformer leurs opérations. Les responsables de projet IA, quant à eux, gèrent des projets impliquant l'implémentation de solutions d'IA. IBM engage des responsables de projet IA pour superviser des projets complexes d'intégration de l'IA dans divers secteurs.

Suppression de Postes :

L'automatisation touche principalement les tâches répétitives et manuelles, en particulier celles qui peuvent être gérées par des systèmes de robotisation. Par exemple, dans de nombreux supermarchés, les caissiers ont vu leur rôle partiellement remplacé par des caisses automatiques, permettant aux clients de scanner eux-mêmes leurs articles. Selon une étude de McKinsey, l'automatisation pourrait transformer environ 30% des emplois mondiaux d'ici 2030, notamment dans les domaines où les tâches répétitives prédominent.(*McKinsey Global Institute. (2017). A Future That Works: Automation, Employment, and Productivity.*)

Dans les entrepôts, **Amazon** a déployé ses robots Kiva (maintenant renommés Amazon Robotics), intégrant une logistique automatisée pour optimiser le stockage et la distribution. Cela a permis une amélioration notable de l'efficacité, jusqu'à 20-40% dans certaines installations, en réduisant le temps de déplacement des articles tout en minimisant le besoin de main-d'œuvre humaine pour les tâches physiques.[34]

Tesla a considérablement augmenté l'automatisation dans ses usines, notamment avec l'introduction de robots avancés. Par exemple, l'usine de Fremont en Californie utilise plus de 1 600 robots pour assembler les véhicules, ce qui a permis d'accroître la production et de réduire les coûts de main-d'œuvre.[35] De plus, Tesla a investi dans des presses géantes, appelées "gigapresses", pour fabriquer de grandes pièces de carrosserie en une seule étape, réduisant ainsi le nombre de pièces et simplifiant le processus d'assemblage[36] .Ces initiatives ont permis à Tesla d'augmenter son efficacité de production tout en réduisant les coûts associés à la main-d'œuvre.

3.Prédictions du Forum Économique Mondial

Les prédictions du Forum Économique Mondial indiquent que les machines et les algorithmes dans les environnements de travail devraient effectivement transformer le marché de l'emploi. Dans son rapport *The Future of Jobs Report* (2018), le Forum Économique Mondial a prévu que d'ici 2025, environ 133 millions de nouveaux emplois seront créés grâce à l'IA et à l'automatisation, tandis que 75 millions d'emplois pourraient être supprimés ou redéfinis. Ce changement marque une opportunité nette en faveur de la création de postes dans des secteurs en croissance, notamment dans les domaines de l'intelligence artificielle, du traitement des données, et des technologies de la communication.

Préparer pour l'Avenir

La transition vers un monde où l'IA coexiste avec les talents humains nécessite une préparation proactive de la part des gestionnaires et des employés. Pour se positionner favorablement dans cette "Quatrième Révolution Industrielle," les entreprises doivent prioriser la formation continue et encourager une culture de l'innovation. En enrichissant les rôles des employés avec des tâches à plus forte valeur ajoutée et en mettant l'accent sur les compétences techniques et humaines nécessaires pour interagir efficacement avec l'IA, les organisations peuvent tirer pleinement parti des opportunités offertes par l'automatisation.

4.Leçons des Révolutions Industrielles Passées

L'histoire nous montre que chaque grande révolution technologique, malgré ses impacts immédiats sur certains emplois, a stimulé la croissance économique et créé de nouvelles opportunités d'emploi. En tirant parti de cette perspective, les gestionnaires peuvent aborder l'intégration de l'IA non pas comme une menace, mais comme une chance de redéfinir les rôles, de renforcer les compétences et de valoriser les tâches humaines là où elles apportent le plus d'impact et d'innovation.

La Quatrième Révolution Industrielle, alimentée par l'IA et d'autres technologies avancées, est en train de transformer notre monde. Les gestionnaires doivent être prêts à relever les défis et à saisir les opportunités que cette révolution apporte. La formation continue, la réorganisation des tâches et la redistribution équitable des richesses seront essentielles pour tirer parti de cette nouvelle ère technologique. Le futur est incertain, mais en prenant les bonnes décisions aujourd'hui, nous pouvons nous préparer pour un avenir prospère.

32

Chapitre 2 : Adapter les Compétences de son Équipe à l'Ère de l'IA

D ans cette ère de l'intelligence artificielle, il est crucial pour chaque gestionnaire et responsable d'équipe de veiller à ce que leurs employés disposent des compétences adaptées aux technologies actuelles. Cela passe par une formation continue, l'encouragement à l'apprentissage et une réévaluation constante des tâches et des procédures au sein de l'organisation.

1.L'Importance de la Formation Continue pour l'Adaptation Technologique

Nous l'avons déjà dit dans les parties précédentes , mais nous allons le redire encore, parce que c'est très important.Pour réussir dans un environnement où les technologies évoluent rapidement, il est essentiel que les employés reçoivent une formation continue et dynamique. Les organisations qui investissent dans le développement des compétences de leurs équipes non seulement améliorent leurs performances, mais renforcent aussi leur résilience face aux changements. Offrir des bonus, des crédits de formation, ou d'autres formes d'encouragement est une stratégie éprouvée pour motiver les employés à continuer à se former et à rester compétents dans un secteur en constante évolution.

Par exemple, Google accorde une grande importance à la formation continue de ses employés pour maintenir leur expertise à jour face aux évolutions technologiques. L'entreprise propose des programmes tels que le "Googler-to-Googler" (G2G), où les employés partagent leurs connaissances et compétences avec leurs collègues. Ce réseau de plus de 6 000 collaborateurs bénévoles favorise une culture d'apprentissage et d'amélioration continue au sein de l'organisation[37]. De plus, Google offre des crédits de formation et des cours internes pour s'assurer que ses employés restent à la pointe de la technologie. Cette approche proactive permet aux équipes de développer de nouvelles compétences et de s'adapter rapidement aux changements technologiques.

2.Redéfinition des Tâches et des SOPs

L'introduction de l'IA dans les entreprises nécessite une redéfinition des tâches et des procédures opérationnelles standard (SOPs). Les gestionnaires doivent évaluer quelles tâches peuvent être automatisées et comment les responsabilités des employés peuvent être ajustées en conséquence. Par exemple, chez Amazon, l'utilisation de robots pour la gestion des stocks a conduit à une redéfinition des rôles des travailleurs humains, qui se concentrent désormais sur des tâches plus complexes et stratégiques.

3.Compétences Techniques et Utilisation des Outils

Il n'est pas nécessaire que tous les employés possèdent des compétences techniques approfondies. L'accent devrait être mis sur l'apprentissage de l'utilisation des logiciels et des programmes existants. Les technologies actuelles peuvent effectuer des tâches techniques que les employés devaient autrefois maîtriser manuellement. Par exemple, des outils comme Tableau et Power BI permettent aux employés d'analyser et d'interpréter des données sans nécessiter de compétences avancées en programmation. Selon un rapport de McKinsey, les employés capables d'utiliser efficacement ces outils analytiques peuvent améliorer la productivité de leur entreprise. [38]

4.Créativité, Innovation et Utilisation Efficace des Outils

Les compétences autrefois très respectées, telles que la capacité à effectuer des calculs rapides ou à mémoriser de grandes quantités d'informations, sont désormais prises en charge par les machines. Ce qui reste à maximiser dans les entreprises modernes, c'est la créativité, l'innovation et l'utilisation efficace des outils d'IA. Par exemple, les employés de Netflix utilisent des algorithmes d'IA pour recommander des contenus aux utilisateurs, mais c'est leur créativité qui permet de développer de nouvelles idées de contenu et de stratégies marketing.

Le programme d'IA AlphaGo de DeepMind a marqué un tournant dans l'histoire de l'intelligence artificielle en battant Lee Sedol, champion du monde de Go, en 2016. Parmi les cinq parties jouées, AlphaGo en a remporté quatre, mais Lee Sedol a réussi à en gagner une grâce à un coup audacieux, connu sous le nom de "coup 78." Ce moment a été salué comme un exemple de la capacité humaine à surprendre par des choix inattendus, mettant en lumière la créativité stratégique que l'IA peut ne pas toujours anticiper. Cet épisode a renforcé l'idée que, bien que les capacités de calcul et de stratégie de l'IA soient avancées, la créativité humaine reste un élément distinctif précieux dans des domaines où l'innovation et l'adaptation sont cruciales.[39]

5.Compétences Sociales et Émotionnelles

À mesure que les tâches techniques se voient de plus en plus automatisées, les compétences sociales et émotionnelles deviennent des atouts inestimables pour les employés. La capacité d'apprendre en continu, de travailler efficacement en équipe, de communiquer avec clarté et de faire preuve d'empathie sont désormais considérées comme essentielles dans de nombreux secteurs. Une étude de Deloitte a révélé que les employeurs valorisent de plus en plus ces compétences dites "douces," avec une demande croissante pour des rôles où l'intelligence émotionnelle et la collaboration jouent un rôle crucial

40. En cultivant ces compétences, les employés peuvent non seulement améliorer leur efficacité personnelle mais aussi contribuer activement à un environnement de travail harmonieux et adaptable.

En sommes , pour tirer pleinement parti des avantages de l'IA, les gestionnaires doivent veiller à ce que leur équipe soit constamment formée et prête à s'adapter aux nouvelles technologies. L'accent doit être mis sur la formation continue, la redéfinition des tâches et des SOPs, et le développement de compétences en créativité, en innovation et en utilisation des outils d'IA. Les compétences sociales et émotionnelles sont également cruciales dans cette nouvelle ère. En adoptant une approche proactive de la formation et de l'adaptation, les entreprises peuvent non seulement survivre, mais prospérer dans l'ère de l'intelligence artificielle.

33

Chapitre 3 : Repenser le Travail et Redistribuer les Richesses dans l'Ère de l'IA

I maginez une entreprise où, chaque matin, les employés arrivent avec le sourire, non pas parce qu'ils échappent aux tâches qu'ils détestent, mais parce qu'ils savent que celles-ci ont été confiées à des outils d'intelligence artificielle. Ils peuvent se concentrer sur ce qu'ils aiment : l'innovation, la créativité, et les décisions stratégiques. Dans cette ère de l'IA, le travail devient non seulement plus efficace, mais aussi plus épanouissant.

Avec l'avènement de l'IA, nous assistons à une transformation sans précédent du monde professionnel. Ce changement nous invite à repenser notre conception du travail, non seulement pour gagner en productivité, mais aussi pour améliorer la qualité de vie des employés. Bien que de nombreux outils d'IA existent pour automatiser certaines tâches, tous ne sont pas adaptés à chaque entreprise. C'est pourquoi nous proposons une sélection d'outils qui se sont déjà montrés efficaces dans la gestion, les ventes, la logistique, le marketing, et même la comptabilité.

1.Repenser le Travail à l'Ère de l'IA

La majorité des gens n'apprécient pas vraiment leur travail. Une étude menée par Gallup révèle que **85 % des travailleurs dans le monde** sont désengagés ou activement désengagés de leur emploi.[41] Ce désengagement est souvent alimenté par le stress lié au travail, les tâches répétitives et peu valorisantes, ainsi que les maladies professionnelles. Ces dernières représentent un problème majeur dans le monde du travail. Selon l'Organisation Internationale du Travail (OIT), environ **2,8 millions de travailleurs meurent chaque année** à cause de maladies ou d'accidents liés à leur emploi. Ce chiffre dépasse même les décès causés par certaines maladies infectieuses, telles que le SIDA ou la tuberculose, soulignant l'ampleur des dangers associés à certaines conditions de travail [42].

Dans ce contexte, l'IA pourrait bien être la solution qui permet de libérer les employés des tâches fastidieuses. Par exemple, dans de nombreux secteurs comme la banque ou la santé, des processus autrefois manuels et répétitifs sont désormais pris en charge par l'automatisation, permettant ainsi aux employés de se concentrer sur des tâches à plus forte valeur ajoutée.

2.Le rôle de l'IA dans la Réduction des Tâches ennuyeuse.

Dans l'industrie bancaire, les processus de vérification et de traitement des transactions, autrefois fastidieux et sujets aux erreurs humaines, sont maintenant automatisés grâce à l'IA. Cela libère les employés de la banque pour qu'ils puissent se concentrer sur des tâches plus intéressantes, telles que le conseil financier personnalisé et la gestion des relations clients.

Dans le secteur de la santé, l'IA est également un atout. Des hôpitaux comme celui de Copenhague utilisent des outils d'IA pour trier et prioriser les dossiers médicaux, facilitant ainsi une prise en charge plus rapide des patients. Cela permet aux médecins de passer plus de temps avec leurs patients et moins de temps à remplir des formulaires ou à gérer des tâches administratives.

3.Redistribuer les Richesses Générées par l'Efficacité de l'IA

L'amélioration de l'efficacité des entreprises grâce à l'IA peut également conduire à une augmentation substantielle de la rentabilité. Mais que faire de ces gains supplémentaires ? Plutôt que de simplement augmenter les marges bénéficiaires, certaines entreprises choisissent de réinvestir leurs gains dans leurs employés sous forme de bonus et d'incitations.

Un exemple marquant est celui de Salesforce, qui a intégré l'IA dans ses produits pour optimiser ses processus de vente. Cette amélioration a permis non seulement d'augmenter la productivité de l'entreprise, mais également d'offrir des primes et des avantages à ses employés, améliorant ainsi leur satisfaction et leur engagement[43,44].

4.Le Facteur Humain : Améliorer la Satisfaction au Travail

L'automatisation ne devrait pas se limiter à l'efficacité. Elle peut également viser à améliorer le bien-être des employés. En libérant les employés des tâches redondantes et peu gratifiantes, l'IA permet de réaffecter les ressources humaines vers des rôles plus stratégiques et créatifs.

Une étude de l'Université de Stanford a révélé que les employés bénéficiant d'outils d'IA générative, similaires à ChatGPT, sont plus productifs, satisfont davantage les clients et présentent un taux de rétention plus élevé[67].

siepr.stanford.edu En permettant aux employés de se consacrer à des tâches qu'ils apprécient vraiment, les entreprises peuvent réduire le taux de rotation et améliorer le moral général.

Un exemple concret vient de l'entreprise de mobilier Herman Miller, qui a adopté des principes de fabrication allégée pour améliorer continuellement ses processus de production. Cette approche a permis de réduire le temps consacré aux tâches répétitives, libérant ainsi les employés pour des activités plus créatives telles que le design et l'innovation produit. Cette transformation a non seulement amélioré l'efficacité de l'entreprise, mais a également augmenté l'engagement et la satisfaction des employés[66].

Repenser le travail à l'ère de l'intelligence artificielle n'est pas seulement une nécessité pour les entreprises qui veulent rester compétitives. C'est une opportunité unique de créer un environnement de travail plus sain, plus satisfaisant et plus productif. L'IA permet non seulement de rationaliser les processus, mais aussi de redistribuer les gains générés, offrant ainsi des incitations aux employés et créant des opportunités de croissance et d'épanouissement personnel.

Pour les entreprises, cela signifie non seulement plus de profitabilité, mais aussi une meilleure qualité de vie pour leurs équipes. En automatisant les tâches ingrates et en redistribuant les richesses, l'intelligence artificielle peut transformer positivement le monde du travail.

34

Chapitre 4 : Éducation et Formation des Employés à l'Ère de l'IA et de l'Automatisation

C ontrairement à une époque où une formation universitaire suffisait pour toute une carrière, aujourd'hui, la technologie et les connaissances évoluent si rapidement que ce que nous savons aujourd'hui peut devenir obsolète demain. Les gestionnaires ont un rôle clé à jouer pour assurer que leurs équipes restent à la pointe de ces changements.

1.L'Importance de l'Apprentissage Continu

À une époque où les technologies évoluent rapidement, l'apprentissage continu est devenu indispensable, notamment avec l'essor de l'intelligence artificielle. Autrefois, de nombreux employés et gestionnaires arrêtaient d'apprendre formellement après leur diplôme universitaire. Cependant, dans le monde moderne, où les compétences techniques et numériques changent constamment, rester à jour est essentiel pour la réussite professionnelle.

Selon un rapport de LinkedIn, 94 % des employés affirment qu'ils seraient plus susceptibles de rester dans une entreprise si celle-ci investit dans leur développement professionnel[45] .Faciliter l'apprentissage continu est donc un atout stratégique pour les entreprises qui souhaitent non seulement rester compétitives, mais aussi fidéliser leurs talents et stimuler l'innovation. En effet, les programmes de formation continue, comme ceux proposés par LinkedIn Learning ou Coursera, permettent aux employés d'acquérir de nouvelles compétences en IA et dans d'autres domaines en évolution rapide, améliorant ainsi leur efficacité et leur adaptabilité.

2.Les Nouveaux Modes d'Apprentissage

Aujourd'hui, il n'est plus nécessaire de se plaindre de ne pas avoir passé des années dans une grande université pour acquérir de nouvelles compétences. L'apprentissage en ligne, les MOOCs (Massive Open Online Courses), et les plateformes de formation comme Coursera, edX et Udacity offrent des possibilités d'apprentissage flexibles et à jour. Par exemple, Google propose une formation certifiée en analyse de données via Coursera qui peut être complétée en quelques mois, offrant des compétences pratiques immédiatement applicables dans le monde professionnel .

Se Former pour Chercher et Utiliser l'Information

L'une des compétences les plus importantes à l'ère de l'IA est la capacité de chercher et d'utiliser efficacement l'information. Avec l'abondance de données disponibles en ligne, savoir où et comment chercher des informations pertinentes est crucial. Les gestionnaires doivent encourager leurs équipes à développer des compétences en recherche et à utiliser des outils d'agrégation de données et de veille technologique.

Des entreprises comme IBM utilisent des programmes de formation internes pour enseigner à leurs employés comment utiliser des outils d'IA pour la recherche et l'analyse de données. Ces compétences permettent non seulement d'améliorer l'efficacité opérationnelle, mais aussi de prendre des décisions plus informées et stratégiques .

3.Encourager la Créativité et l'Innovation

À mesure que les tâches routinières et répétitives sont automatisées, la créativité et l'innovation deviennent des compétences de plus en plus précieuses. Les gestionnaires doivent promouvoir un environnement où la créativité est encouragée et où les employés sont incités à proposer de nouvelles idées et solutions. Par exemple, Google a mis en place la règle des 20 %, où les employés peuvent consacrer 20 % de leur temps de travail à des projets personnels innovants . Cette politique a donné naissance à des produits révolutionnaires comme Gmail et Google Maps, Chrome, etc...

4.Redéfinir les Programmes de Formation en Entreprise

Les programmes de formation en entreprise doivent être révisés pour inclure non seulement des compétences techniques, mais aussi des compétences en pensée critique, en résolution de problèmes et en collaboration. Un rapport du Forum économique mondial prévoit que d'ici 2025, plus de la moitié des employés auront besoin de requalifications importantes en raison de l'automatisation et de l'IA[46] . Les gestionnaires doivent donc créer des programmes de formation flexibles et continus qui répondent à ces besoins.

Un exemple pratique est celui de la société de logistique DHL, qui a investi dans des programmes de formation en IA et en analyse de données pour ses employés. En utilisant des technologies avancées, DHL a non seulement amélioré ses opérations logistiques, mais a également augmenté la satisfaction et l'engagement de ses employés, qui se sentent plus valorisés et compétents .

Un autre exemple est celui de la société de conseil Accenture, qui a mis en place un programme global de requalification dénommé ''**Accenture Future Talent initiative**''pour former ses employés aux technologies de l'IA et de l'automatisation. Ce programme a permis à Accenture de rester à la pointe de l'innovation tout en offrant à ses employés des opportunités de développement de carrière et de mobilité interne [47].

Pour prospérer à l'ère de l'IA et de l'automatisation, les entreprises doivent repenser leurs approches de l'éducation et de la formation des employés. En mettant l'accent sur l'apprentissage continu, en encourageant la créativité, et en adaptant les programmes de formation pour inclure des compétences techniques et non techniques, les gestionnaires peuvent préparer leurs équipes à réussir dans un environnement de travail en constante évolution. La clé est de créer une culture d'apprentissage et d'innovation, où chaque employé est équipé pour tirer parti des nouvelles technologies et contribuer à la croissance et au succès de l'entreprise.

35

Chapitre 5 : Redéfinition du Cadre de Travail et de la Société à l'Ère de l'IA et de l'Automatisation

À l'ère de l'intelligence artificielle (IA) et de l'automatisation, les gestionnaires doivent réorganiser le cadre de travail et adapter presque toutes les facettes de leur entreprise ou organisation publique pour rester compétitifs et efficaces. Cette transformation va au-delà de la simple intégration de nouvelles technologies; elle nécessite une reconfiguration complète des systèmes de communication, des ressources humaines, du contrôle de la qualité, et bien plus encore. Ce chapitre explore comment les gestionnaires peuvent réorganiser le cadre de travail pour maximiser les avantages de l'IA et de l'automatisation.

1.Réorganisation des Systèmes de Communication

Communication Interne

La communication interne doit être rapide, transparente et efficace pour tirer pleinement parti de l'IA. Les plateformes de communication intégrées telles que Slack, Microsoft Teams, et les chatbots alimentés par l'IA peuvent faciliter la collaboration et la prise de décision en temps réel. L'utilisation de

Microsoft Teams a permis à de nombreuses grandes entreprises de réduire le temps consacré aux réunions et de simplifier la communication entre équipes. Grâce aux fonctionnalités de chat, de partage de fichiers et de visioconférence intégrées, Teams contribue à améliorer la productivité globale et à faciliter la collaboration, même à distance. En centralisant les outils de communication, certaines entreprises ont pu constater une réduction notable du temps passé en réunions et une meilleure fluidité dans les échanges[48].

Communication Externe

Pour la communication externe, les entreprises peuvent utiliser des outils d'IA pour analyser les données des clients et personnaliser les interactions. Selon Salesforce, 76 % des clients s'attendent à ce que les entreprises comprennent leurs besoins et attentes [49] . Les systèmes CRM (Customer Relationship Management) alimentés par l'IA peuvent aider à segmenter les clients, prédire leurs comportements, et fournir des recommandations personnalisées.

Gestion des Ressources Humaines

Recrutement et Formation

L'IA peut améliorer considérablement les processus de recrutement en analysant les CV, en identifiant les meilleurs candidats, et en éliminant les biais inconscients

Recrutement :

Des plateformes comme **HireVue** utilisent l'IA pour analyser les réponses des candidats lors d'entretiens vidéo, en évaluant des aspects tels que le langage verbal et non verbal. Cette approche vise à identifier les candidats les plus prometteurs et à réduire les biais inconscients dans le processus de sélection. Cependant, il est important de noter que l'efficacité de ces méthodes, notamment l'analyse des expressions faciales, fait l'objet de débats. Des experts soulignent que la reconnaissance des émotions par l'IA peut être sujette à des interprétations erronées et ne doit pas être utilisée comme seul critère d'évaluation[50].

Formation :

En ce qui concerne la formation, les programmes d'apprentissage en ligne et les outils de réalité virtuelle peuvent offrir des expériences de formation immersives et personnalisées. Un rapport de PwC a montré que la formation en réalité virtuelle peut être quatre fois plus rapide que les méthodes traditionnelles . Selon une étude de **PwC**, les apprenants formés via la réalité virtuelle RV peuvent compléter leur formation jusqu'à quatre fois plus rapidement que ceux suivant des méthodes traditionnelles en salle de classe. De plus, ces apprenants se sentent 3,75 fois plus connectés émotionnellement au contenu et sont 40 % plus confiants dans l'application de ce qu'ils ont appris.[51]

Ces innovations montrent comment l'IA et les technologies immersives redéfinissent les pratiques de recrutement et de formation, en améliorant l'efficacité et en offrant des expériences plus engageantes pour les candidats et les employés.

2.Gestion des Performances

L'IA permet une surveillance continue et objective des performances des employés, offrant aux entreprises des analyses précises pour ajuster leurs stratégies de gestion du personnel. Par exemple, des plateformes comme **Workday** intègrent l'analyse prédictive pour suivre les tendances de performance, identifier les écarts et recommander des plans de développement adaptés à chaque employé. Ces analyses permettent non seulement une évaluation des performances en temps réel, mais aident également à définir des parcours de carrière personnalisés, renforçant l'engagement des employés et favorisant leur croissance.

IBM a introduit une plateforme d'IA qui analyse les performances en temps réel pour recommander des parcours de formation. Cela a permis de réduire le temps nécessaire à l'identification des besoins de formation et à l'élaboration des plans de développement [52].

3.Contrôle de la Qualité

Automatisation des Processus de Contrôle

L'automatisation des contrôles qualité grâce à l'IA est devenue une norme dans de nombreuses industries, permettant des gains significatifs en précision et en rapidité. Les systèmes de **vision par ordinateur**, par exemple, analysent les produits sur les lignes de production pour détecter les défauts avec une efficacité bien supérieure à celle des inspections manuelles. Chez **BMW**, l'intégration de l'IA pour la détection des anomalies sur ses chaînes de production a permis de réduire les erreurs de 25 %, améliorant ainsi la qualité globale des véhicules produits [53].

Maintenance Prédictive

La maintenance prédictive repose sur l'utilisation d'algorithmes de machine learning pour anticiper les pannes et optimiser la gestion des équipements. **General Electric (GE)**, par exemple, a intégré des algorithmes de maintenance prédictive dans ses opérations de turbine éolienne, ce qui a permis de réduire les temps d'arrêt et de réaliser des économies de plus de 12 millions de dollars par an. En surveillant les équipements en temps réel, GE peut prévoir et éviter les pannes, prolongeant ainsi la durée de vie de ses machines tout en réduisant les coûts de maintenance[54] .

4.Adaptation des Processus Opérationnels

Optimisation des Chaînes d'Approvisionnement

Les chaînes d'approvisionnement bénéficient grandement de l'IA, qui améliore la précision des prévisions, optimise la gestion des stocks, et rationalise la logistique. **Amazon** utilise des algorithmes d'apprentissage automatique pour analyser la demande, prévoir les tendances et ajuster ses stocks en temps réel, minimisant ainsi les coûts de stockage et améliorant la satisfaction des clients. En adaptant l'inventaire aux fluctuations de la demande, Amazon assure un réapprovisionnement optimal et une réduction des ruptures de stock [55].

Automatisation des Tâches Administratives

L'IA permet l'automatisation de nombreuses tâches administratives répétitives, telles que la saisie de données, la gestion des factures et le traitement des remboursements. Selon une étude de **McKinsey**, l'automatisation des tâches administratives pourrait réduire les coûts opérationnels de 20 à 30 % en optimisant l'allocation des ressources et en permettant aux employés de se concentrer sur des tâches plus stratégiques. Par exemple, l'automatisation des processus de gestion des factures réduit les erreurs humaines et accélère les délais de traitement, améliorant ainsi l'efficacité globale de l'entreprise [56].

5.Redéfinition du Cadre de Travail

Espaces de Travail Flexibles

L'essor des espaces de travail flexibles et des politiques de télétravail n'est pas seulement une tendance passagère ; c'est une transformation profonde de notre manière de travailler. La pandémie de COVID-19 a démontré que le télétravail est non seulement possible, mais aussi souvent avantageux pour les entreprises et les employés. Une étude de Stanford a révélé que les employés travaillant à distance étaient 13 % plus productifs que leurs homologues de bureau (Stanford University Study on Remote Work).

Le télétravail et les espaces de travail flexibles permettent aussi de réduire les temps de trajet, ce qui est un gain en termes de temps, de coûts, et même d'émissions de CO_2. Cela signifie moins de stress lié aux déplacements, une empreinte carbone plus faible, et plus de temps pour se concentrer sur des projets importants.

Slack et la Flexibilité des Espaces

Slack, l'outil de communication d'entreprise, a adopté une approche de travail "remote-first" (priorité au télétravail) et a redéfini ses espaces de travail pour être plus flexibles, intégrant de nouvelles façons de collaborer. Grâce à cette flexibilité, Slack permet aux équipes de se connecter de n'importe où dans le monde, sans perdre en efficacité ni en engagement [57].

Équilibre Travail-Vie Personnelle

Avec l'intégration de l'IA, les entreprises peuvent aussi améliorer l'équilibre entre vie professionnelle et vie personnelle pour leurs employés. Par exemple, l'automatisation des tâches répétitives grâce aux **chatbots** ou aux outils de traitement automatique des emails aide les équipes à se concentrer sur des missions plus enrichissantes et à valeur ajoutée. Plutôt que de passer du temps à gérer des requêtes récurrentes, les employés peuvent ainsi se concentrer sur des tâches créatives ou complexes.

L'automatisation aide également à établir des frontières plus claires entre le travail et la vie personnelle. Par exemple, des outils d'IA peuvent analyser les rythmes de travail pour recommander des pauses ou des plages horaires dédiées aux tâches stratégiques. Ainsi, les employés sont moins enclins à accumuler des heures supplémentaires et bénéficient d'un meilleur équilibre [59].

Chatbots dans les Services Clients

Sephora utilise des chatbots alimentés par l'IA pour répondre aux questions courantes de ses clients, comme la disponibilité des produits ou les recommandations de maquillage. Cela libère du temps pour les employés des magasins, leur permettant de se concentrer sur des interactions plus personnalisées avec les clients [59].

Redistribution des Richesses

L'efficacité accrue obtenue grâce à l'IA et l'automatisation peut également être redirigée vers les employés pour accroître la motivation et fidéliser les talents. En redistribuant une partie des gains sous forme de bonus ou de programmes de partage des bénéfices, les entreprises reconnaissent les contributions de leurs employés tout en favorisant une culture de reconnaissance et d'équité.

Bonus et Récompenses

Certaines entreprises comme **Salesforce** mettent en place des bonus pour les équipes qui atteignent ou dépassent leurs objectifs de performance grâce à l'automatisation et aux outils d'IA. Ces primes récompensent non seulement la performance individuelle, mais encouragent aussi le travail d'équipe autour des objectifs d'efficacité et de qualité [60].

Amazon a introduit un programme de partage des bénéfices pour les employés dans ses entrepôts. Ce programme motive les équipes en les impliquant directement dans les réussites opérationnelles de l'entreprise. Les employés reçoivent une compensation additionnelle lorsque les objectifs de productivité sont atteints, ce qui contribue à renforcer l'engagement et à réduire le turnover [61].

6.Investissement dans le Développement des Compétences

L'IA et l'automatisation créent une forte demande de requalification et d'acquisition de nouvelles compétences. Pour rester compétitives, les entreprises doivent investir dans le développement continu des compétences de leurs employés. Cela ne signifie pas seulement des formations techniques, mais aussi le développement des compétences en pensée critique, en résolution de problèmes, et en collaboration.

Selon une étude récente menée par le cabinet de recherche Deloitte, les entreprises qui investissent dans la formation continue de leurs collaborateurs ont en moyenne une productivité supérieure de 15% par rapport à celles qui négligent cet aspect. En effet, des employés bien formés sont plus compétents et performants dans l'exécution de leurs tâches, ce qui se traduit par une plus grande efficacité et une réduction des erreurs[62].

L'IA et l'automatisation ne doivent pas simplement être des outils de productivité ; ils peuvent et doivent être des moteurs de changement positif dans l'organisation. En adoptant des espaces de travail flexibles, en favorisant un équilibre sain entre vie professionnelle et personnelle, et en investissant dans le développement continu des compétences, les entreprises construisent des fondations pour une culture organisationnelle durable et dynamique.

Investir dans les compétences, redistribuer les gains de productivité, et utiliser l'IA pour alléger les tâches répétitives ou administratives sont des stratégies qui transforment positivement l'expérience des employés. En se concentrant sur ces axes, les entreprises peuvent non seulement améliorer leur efficacité, mais aussi offrir un environnement de travail plus satisfaisant et motivant.

36

Résumé de la Partie 4 - Redéfinir le Travail et la Société à l'Ère de l'IA

N ous vivons une nouvelle ère où l'intelligence artificielle (IA), l'automatisation, et les objets connectés redéfinissent les compétences et les méthodes de travail. En tant que gestionnaires, il est impératif de prendre cette évolution au sérieux. Avec des API(Application protocol Interface) de plus en plus sophistiquées, une seule personne assistée par des agents d'IA peut accomplir des tâches équivalentes à celles de centaines de personnes en une journée. Cette transformation radicale exige une adaptation proactive pour rester compétitif et tirer parti des opportunités offertes par ces technologies.

L'Impact de l'IA et de l'Automatisation

L'IA et l'automatisation ont la capacité de transformer les entreprises en augmentant considérablement leur efficacité et leur rentabilité. Par exemple, des entreprises comme Amazon utilisent l'automatisation pour gérer leurs entrepôts, réduisant les coûts et augmentant la vitesse de traitement des commandes . Un concurrent adoptant ces technologies peut réduire drastiquement ses prix, rendant difficile pour les entreprises traditionnelles de rivaliser.

Les Répercussions Positives et Négatives

Bien que l'IA et l'automatisation offrent des avantages considérables, elles présentent également des défis. Par exemple, la réduction des postes de travail est une préoccupation majeure. Toutefois, si nous adaptons correctement nos méthodes d'apprentissage et d'enseignement, nous pouvons atténuer ces effets négatifs.

Éducation et Formation

L'éducation doit évoluer pour répondre aux exigences de cette nouvelle ère. Les programmes de formation doivent mettre l'accent sur la capacité à rechercher des informations, à utiliser des outils technologiques, et à être créatif. La majorité des employés et des gestionnaires cessent d'étudier après l'université, pensant qu'ils ont fini d'apprendre. Cependant, dans un monde où les technologies évoluent rapidement, il est essentiel de continuer à apprendre tout au long de sa carrière.

Redéfinir la Société et l'Éthique de l'IA

Pour bénéficier pleinement des technologies d'IA, il est crucial de repenser nos méthodes de travail et nos sociétés. L'éthique des programmeurs d'IA est un aspect vital. Les politiques publiques doivent jouer un rôle important dans cette redéfinition en favorisant l'adoption responsable et en réglementant la constitution des programmes d'IA.

Exemples et Politiques Publiques

· **Union Européenne** : L'UE a adopté des règlements stricts sur l'IA pour garantir une utilisation éthique et responsable, tout en incitant les entreprises à adopter ces technologies.

· **Canada** : Le gouvernement canadien offre des incitatifs fiscaux pour encourager l'innovation et l'adoption de l'IA.

Education :

Nous ne sommes plus à l'époque de Socrate ou Thalès ; notre éducation et notre travail doivent évoluer pour s'adapter à cette nouvelle ère de l'IA et de l'automatisation. Les politiques publiques ont un rôle crucial à jouer dans cette transition. En favorisant l'adoption de l'IA et en réglementant son utilisation, nous pouvons maximiser les bénéfices tout en minimisant les risques. L'information est vitale à cette époque, et les gestionnaires doivent être proactifs pour naviguer avec succès dans cette transformation.

L'essor des machines et de l'automatisation a toujours été au cœur de l'innovation industrielle, transformant profondément les secteurs manufacturier et agricole. Ces avancées ont non seulement stimulé la croissance économique mondiale, mais ont également propulsé les entreprises vers de nouveaux sommets. Aujourd'hui, l'automatisation est omniprésente dans les usines, rendant la production plus efficace et rentable. Avant le XVIIIe siècle, la majorité des emplois étaient liés à des travaux manuels et physiques. Aujourd'hui, les technologies de l'IA, de la robotique et de l'automatisation ont redéfini ces métiers, favorisant des emplois de bureau et des postes où la technologie assiste les tâches physiques.

Transition et Transformation

Les raisons d'efficacité et d'optimisation ont conduit de nombreuses entreprises à sous-traiter des tâches répétitives et à se concentrer sur des fonctions stratégiques à forte valeur ajoutée. Par exemple, la Chine, devenue l'atelier du monde, illustre cette tendance avec ses usines hautement automatisées et ses avancées en IA. Les statistiques montrent que la Chine dépose le plus de brevets technologiques dans le monde, ce qui témoigne de leur innovation incessante.

L'IA et l'Automatisation : Un Futur Prometteur

L'IA représente une opportunité exceptionnelle pour automatiser les processus et alléger le travail des employés. Cependant, pour réussir cette transformation, les gestionnaires doivent respecter certains principes clés et lancer des initiatives adéquates. L'adoption de l'IA peut transformer les entrepôts en unités de production opérant 24h/24 et 7j/7 sans intervention humaine, augmentant ainsi l'efficacité et réduisant les coûts.

La Conduite Automatique des Entreprises

Aera Technology, par exemple, a développé une plateforme de "conduite automatique des entreprises" qui permet aux gestionnaires de définir différents niveaux d'automatisation pour la prise de décision et la gestion des tâches. Cette plateforme se nourrit des données de l'entreprise, offre des recommandations en temps réel, et peut prédire et exécuter certaines actions automatiquement, comme passer de nouvelles commandes pour répondre à la demande prévue.

Ces outils offrent un avantage compétitif significatif. Seuls les gestionnaires visionnaires et ouverts à l'innovation adopteront ces technologies, ce qui améliorera continuellement la performance de leur entreprise. En automatisant les processus décisionnels, ces outils permettent de libérer du temps pour se concentrer sur des tâches à plus forte valeur ajoutée, comme l'innovation stratégique et l'amélioration continue.

La Magie de l'IA

L'IA ne se limite pas à l'automatisation ; elle impacte également la santé mentale des employés, l'équilibre entre vie professionnelle et vie privée, ainsi que la satisfaction et l'épanouissement au travail. L'adoption de l'IA doit être perçue comme une expérience collective impliquant toutes les parties prenantes, nécessitant une formation continue et des initiatives de changement organisationnel.

Vers un Futur Intégré

Nous croyons fermement que l'avenir verra une intégration plus profonde de l'IA dans les processus décisionnels humains. Les chapitres précédents, ainsi que les études de cas à venir, vous fourniront les outils nécessaires pour devenir des gestionnaires compétents et innovants, capables de naviguer avec succès dans cette période de transition vers l'ère de l'IA et de l'automatisation.

Pour conclure, l'IA et l'automatisation offrent des perspectives incroyables pour transformer les entreprises. Les gestionnaires doivent adopter une approche proactive, éthique et stratégique pour maximiser les avantages de ces technologies tout en minimisant les risques.

N'hésitez pas à nous contacter sur LinkedIn ou par email pour toute question ou préoccupation concernant l'IA. En adoptant les stratégies et les outils présentés dans ce livre, vous serez mieux équipés pour mener vos organisations vers un avenir prospère et innovant.

Partie 5 : La boîte à outils

D ans cette cinquième partie, nous quittons les concepts stratégiques et les discussions théoriques pour plonger dans l'aspect pratique et concret de l'intelligence artificielle.

Pourquoi une boîte à outils ?

Parce que dans le monde en constante évolution de l'IA, la théorie ne suffit pas. Vous avez besoin d'outils, de techniques et d'exemples réels pour transformer vos idées en actions concrètes. Cette partie a été pensée pour répondre aux questions suivantes : Quels outils d'IA sont disponibles aujourd'hui pour optimiser vos opérations ? Comment les utiliser pour maximiser votre impact ? Comment apprendre des succès (et des échecs) des autres grâce à des études de cas pertinentes ?

Ce que vous découvrirez dans cette partie :

1. **Chapitre 1 : Outils d'Intelligence Artificielle pour les Gestionnaires**Une exploration approfondie des logiciels et plateformes d'IA les plus utiles, spécialement sélectionnés pour les besoins des gestionnaires et des leaders. Nous décryptons comment ces outils peuvent optimiser les prises de décision, améliorer la productivité et ouvrir de nouvelles opportunités. Que vous soyez novice ou expérimenté, ce chapitre vous guidera dans la sélection et l'intégration des solutions qui conviennent à vos besoins spécifiques.

2. **Chapitre 2 : Maîtriser l'Art du Prompt Engineering pour Maximiser l'Impact de l'IA**Le prompt engineering est devenu une compétence incontournable pour interagir avec des IA génératives comme ChatGPT. Ce chapitre vous apprendra comment structurer des requêtes optimales, avec des exemples concrets et des astuces pratiques, pour tirer le meilleur parti de ces modèles.

3. **Base de données de Cas d'utilisation :**Rien ne vaut des cas pratiques pour comprendre les impacts de l'IA. Cette section rassemble des cas détaillées, issues de secteurs variés comme la santé, la finance, le marketing ou encore la logistique.

Pourquoi cette partie est essentielle pour vous :

En tant que leader ou gestionnaire, il est crucial d'être équipé pour naviguer dans la transformation numérique. Cette boîte à outils n'est pas qu'un simple guide : c'est un levier pour propulser vos projets, anticiper les défis et maximiser vos opportunités.

Entrez dans cette cinquième partie avec l'esprit d'un explorateur prêt à transformer des concepts en actions, et laissez-vous inspirer par les ressources et exemples qui suivent.

38

Chapitre 1: Outils d'Intelligence Artificielle pour les Gestionnaires

Imaginez que vous êtes directeur d'une entreprise logistique internationale. Chaque jour, des milliers de colis doivent être acheminés, des entrepôts doivent être gérés, et des prévisions doivent être faites pour optimiser l'ensemble de vos opérations. Vous avez entendu parler de l'intelligence artificielle et de ses promesses, mais vous ne savez pas par où commencer. C'est alors qu'un collègue vous recommande un outil d'IA dédié à la gestion des chaînes d'approvisionnement. En quelques mois, votre entreprise réduit de 30 % les coûts liés aux erreurs de stock et augmente son efficacité de 25 % grâce à l'automatisation des processus. Cette histoire n'est pas unique. De nombreux gestionnaires et dirigeants adoptent des outils d'IA pour améliorer leurs opérations.

Il existe aujourd'hui **une multitude d'outils d'IA** adaptés à divers domaines de gestion, qu'il s'agisse des ventes, de la logistique, du marketing ou de la comptabilité. Cependant, au lieu de se perdre dans la complexité de toutes ces solutions disponibles, nous vous proposons ici une sélection d'outils concrets et éprouvés dans la gestion des entreprises, chaque outil jouant un rôle clé dans sa chaîne de valeur.

Outils d'IA pour la Gestion de la Logistique

La gestion des stocks, des entrepôts et des prévisions de commandes est un défi de taille pour les gestionnaires. Les erreurs humaines peuvent entraîner des ruptures de stock coûteuses ou des surcharges d'inventaire. Voici comment l'IA aide à transformer ce domaine :

Llamasoft (Coupa Supply Chain AI) Llamasoft, acquis par Coupa, est un outil qui utilise l'IA pour améliorer la gestion de la chaîne d'approvisionnement. Il aide les entreprises à analyser les données logistiques et à optimiser leurs flux de travail. L'IA analyse des millions de points de données pour anticiper la demande, prévoir les perturbations de la chaîne d'approvisionnement et ajuster les commandes en temps réel. **Rôle pour les gestionnaires :**

· Optimisation des chaînes d'approvisionnement grâce à des prévisions automatisées.
· Simulation des scénarios pour éviter les risques de perturbations.
· Rationalisation des flux d'approvisionnement pour réduire les coûts.

Référence : Llamasoft by Coupa.

Meditrack - Gestion des Inventaires Médicaux Dans le secteur médical, les erreurs de gestion d'inventaire peuvent avoir des conséquences dramatiques. **Meditrack**, un outil d'IA dédié à la gestion des inventaires dans les hôpitaux, laboratoires médicaux,et les unités médicales permet de suivre en temps réel les stocks de médicaments et d'équipements. Grâce à des alertes automatisées et des prédictions basées sur les données, Meditrack garantit la disponibilité des fournitures essentielles.

Rôle pour les gestionnaires :

· Suivi intelligent et en temps réel des inventaires critiques.
· Prédictions automatisées pour éviter les ruptures de stock.
· Plateforme de collaboration entre équipe

Référence : Meditrack.

Outils d'IA pour la Gestion des Ventes

Les équipes de vente doivent être rapides, organisées et efficaces pour attirer et fidéliser les clients. L'intelligence artificielle intervient pour automatiser les tâches répétitives et pour fournir des recommandations basées sur les comportements des clients.

HubSpot Sales AI HubSpot: intègre l'IA dans son CRM pour aider les équipes commerciales à automatiser des tâches comme la segmentation des prospects, la gestion des leads et l'analyse des interactions clients. L'IA identifie les opportunités de vente et aide les commerciaux à prioriser leurs efforts.

Rôle pour les gestionnaires :

- Segmentation automatique des prospects et génération de leads.
- Prédictions des opportunités de ventes basées sur les comportements des clients.
- Automatisation des campagnes de suivi et personnalisation des interactions.

Référence : HubSpot Sales AI.

InsideSales (XANT) :est une plateforme de gestion des ventes qui intègre des algorithmes d'apprentissage automatique pour améliorer la productivité des équipes commerciales. Elle aide à analyser les appels, à déterminer les meilleures opportunités et à automatiser les tâches répétitives.

Rôle pour les gestionnaires :

- Analyse des appels pour identifier les meilleures pratiques de vente.
- Automatisation des suivis et des rappels.
- Prédiction des ventes et des performances de l'équipe.

Référence : InsideSales.

Outils d'IA pour le Marketing

L'IA joue un rôle clé dans l'automatisation des campagnes marketing, l'analyse des données clients et la personnalisation des expériences. Des outils spécialisés aident à rendre les stratégies marketing plus efficaces et mesurables.

Persado - Optimisation des Contenus Marketing Persado: utilise l'intelligence artificielle pour optimiser les contenus marketing. L'outil analyse les réponses émotionnelles des consommateurs pour déterminer quels messages publicitaires fonctionnent le mieux, puis génère des campagnes qui améliorent les taux de conversion.

Rôle pour les gestionnaires :

- Création automatisée de contenus publicitaires efficaces.
- Personnalisation des messages pour optimiser les conversions.
- Analyse des réponses émotionnelles des clients.

Référence : Persado.

Crimson Hexagon - Analyse des Médias Sociaux Crimson Hexagon: maintenant intégré à Brandwatch, utilise l'IA pour analyser les conversations sur les réseaux sociaux, identifier les tendances, et fournir des insights en temps réel sur la perception de la marque.

Rôle pour les gestionnaires :

- Suivi des conversations et analyse des tendances sur les réseaux sociaux.
- Identification des opportunités de campagne basées sur les discussions des utilisateurs.
- Mesure de l'efficacité des campagnes marketing en temps réel.

Référence : Crimson Hexagon by Brandwatch.

Outils d'IA pour la Comptabilité et la Gestion Financière

Dans la gestion comptable et financière, les erreurs humaines peuvent coûter très cher. L'IA permet de rationaliser les opérations de comptabilité, d'automatiser les prévisions budgétaires et de détecter les erreurs avant qu'elles ne se produisent.

Botkeeper - Automatisation Comptable Botkeeper: est une solution qui combine l'intelligence artificielle et l'automatisation pour gérer la comptabilité d'une entreprise. L'outil automatise la saisie des données financières, les rapprochements bancaires et la génération de rapports financiers.

Rôle pour les gestionnaires :

· Automatisation des écritures comptables et des rapprochements.
· Suivi en temps réel des indicateurs financiers.
· Réduction des erreurs humaines grâce à l'automatisation.

Référence : Botkeeper.

Fyle - Gestion Automatisée des Dépenses Fyle: est un outil d'automatisation des dépenses qui utilise l'IA pour simplifier le suivi des dépenses des employés. Il aide les gestionnaires à mieux comprendre où vont les ressources financières et à automatiser le processus de remboursement des frais.

Rôle pour les gestionnaires :

· Automatisation du suivi et du remboursement des dépenses des employés.
· Analyse des dépenses pour identifier les opportunités d'économies.
· Intégration avec des outils de comptabilité pour un suivi en temps réel.

Référence : Fyle.

L'IA est devenue une ressource incontournable dans la gestion moderne, que ce soit pour améliorer la productivité, optimiser les ventes, gérer les inventaires, ou affiner les stratégies marketing. Il est important de comprendre que **chaque entreprise est unique**, et bien que nous proposons ici une sélection d'outils éprouvés, chaque organisation doit trouver les solutions qui correspondent le mieux à ses besoins. **La technologie ne remplace pas le talent humain**, mais elle décuple son efficacité.

39

Chapitre 2 : Maîtriser l'Art du Prompt Engineering pour Maximiser l'Impact de l'IA

1-Pourquoi le Prompt Engineering est-il si Important ?

L'intelligence artificielle (IA) conversationnelle est un bon outil, mais son efficacité dépend de la manière dont nous interagissons avec elle. Poser une question vague ou mal formulée revient à demander à un expert de résoudre un problème sans contexte ni directives claires. Le **prompt engineering**, ou l'art de rédiger des requêtes optimisées, est donc une compétence clé pour exploiter pleinement le potentiel des IA conversationnelles comme ChatGPT , claude, deepseek,etc...

Imaginez que votre entreprise utilise l'IA non seulement pour répondre aux questions, mais aussi améliorer les interactions avec les clients et optimiser les processus internes. En structurant bien vos prompts, vous pouvez orienter l'IA pour qu'elle produise des réponses non seulement correctes, mais également contextuelles et pertinentes.

2-Pourquoi Apprendre le Prompt Engineering ?

Maîtriser le prompt engineering, c'est acquérir la capacité de faire de l'IA un véritable partenaire de travail. Cette compétence permet d'orienter l'IA vers des réponses spécifiques, enrichies de nuances, qui répondent précisément aux besoins.

Prenons un exemple concret : *"Donne-moi des conseils pour être plus productif."* est un **Mauvais prompt;** alors que *"Quels sont trois conseils de productivité spécifiques pour un entrepreneur en phase de lancement d'une startup technologique ?"* est un b**on prompt.**

Le deuxième prompt est plus efficace car :

✔ Il précise le **contexte** (*un entrepreneur en phase de lancement*).

✔ Il **cadre la réponse** (*trois conseils spécifiques*).

✔ Il **évite les réponses trop générales**.

3-L'Impact Concret du Prompt Engineering dans les Entreprises

Dans le domaine du support client, les équipes qui maîtrisent l'art des prompts peuvent obtenir de l'IA des réponses plus précises et adaptées aux besoins des clients. Par exemple, en formulant des demandes spécifiques, les agents peuvent réduire les temps de réponse, améliorer la satisfaction des clients et alléger leur propre charge de travail en laissant l'IA gérer les requêtes les plus simples et répétitives.

Dans le secteur de la création de contenu, des outils comme Jasper permettent aux rédacteurs de gagner du temps en générant des brouillons ou en structurant des idées en fonction de thèmes précis. Cela illustre comment le prompt engineering devient un allié indispensable dans le processus de production, permettant aux équipes de se concentrer sur des tâches plus stratégiques et moins répétitives.

4-Comment Structurer des Prompts Efficaces

A. Définir un Objectif Clair

Avant de rédiger un prompt, posez-vous ces questions :

· **Quel est le but de ma requête ?** (*Obtenir une analyse, générer une liste, comparer des idées...*)

· **Qui est concerné ?** (*Public cible, secteur d'activité, expertise...*)

· **Sous quelle forme dois-je recevoir la réponse ?** (*Liste, paragraphe, tableau, résumé...*)

Par exemple dire *"Explique-moi le deep learning."* est une mauvaise requête; alors que *"Rédige une explication du deep learning en 200 mots, compréhensible par un étudiant en première année d'informatique."* est une bonne requête.

B. Structurer la Requête avec Clarté

Les prompts doivent être **logiques et bien organisés**. Il est utile d'indiquer :

- **Un verbe d'action** (*Expliquer, comparer, générer, synthétiser...*).
- **Un cadre temporel** (*Tendances 2024, évolution sur les 10 dernières années...*).
- **Un format attendu** (*Liste, tableau, guide étape par étape...*).

Par exemple dire *"Donne-moi des exemples d'innovations en IA."*est une mauvaise requête; alors que *"Liste cinq innovations majeures en IA en 2024 sous forme de tableau avec une colonne 'Impact' et une colonne 'Exemples concrets'."*est une bonne requête.

C. Intégrer des Contraintes et Exemples

Ajoutez des **limites** et des **modèles** pour guider l'IA vers une meilleure réponse.

Par exemple dire *"Fais-moi un résumé de cet article."*est une mauvaise requête;alors que*"Rédige un résumé de 250 mots en français de cet article en mettant l'accent sur les impacts économiques de l'IA. Voici un exemple de résumé que je trouve pertinent : [Insérer exemple]."*est une bonne requête.

D. Découper les Demandes Complexes en Étapes

Pour obtenir des réponses détaillées et précises, divisez votre prompt en plusieurs sous-questions.

Par exemple au lieu de dire *"Comment digitaliser une entreprise ?"*, il est preferable de le faire en plusiaeurs étapes comme: *"1. Liste les objectifs d'une digitalisation réussie.*

2. Décris les étapes clés du processus.

3. Donne un exemple d'entreprise ayant réussi cette transformation."

Cette approche améliore la compréhension et facilite l'obtention de réponses précises.

E. Affiner et Itérer les Réponses

Un bon prompt est rarement parfait du premier coup. Il est souvent nécessaire d'affiner la question en fonction de la réponse obtenue.

Voilà un exemple d'itération possible :

1. *"Donne-moi des stratégies marketing pour une startup."*
2. *"Quels sont trois stratégies marketing adaptées aux startups en phase de lancement, en mettant l'accent sur les solutions à faible coût ?"*
3. *"Formule ces stratégies sous forme d'une feuille de route en trois mois avec des actions concrètes par semaine."*

L'amélioration progressive permet d'affiner la pertinence des résultats.

5- Outils et Ressources pour Trouver de Bons Prompts

Si vous manquez d'inspiration ou souhaitez perfectionner vos prompts, plusieurs ressources existent :

- **PromptHero** – Une base de données de prompts optimisés pour divers cas d'usage.
- **Awesome ChatGPT Prompts** – Une liste de prompts testés et recommandés.
- **PromptPerfect** – Outil d'optimisation automatique de prompts.

Ces plateformes permettent de découvrir des formules efficaces et d'apprendre des meilleurs pratiques.

6. Schéma d'un Prompt Structuré

Un prompt bien structuré doit répondre à cinq critères :

- **Objectif:**Générer des idées de contenu LinkedIn pour un expert en IA.
- **Contexte:**L'audience cible est composée de professionnels de la tech.
- **Format attendu:**Une liste de 5 idées avec titre, sujet et appel à l'action.
- **Contraintes:**Doit être percutant et adapté aux tendances de 2024.

Compilation de Prompts Utiles pour les Entreprises

Vous trouverez ici une compilation de plus de 85 prompts organisés pour différents besoins professionnels, du marketing au support client, en passant par la gestion des ressources humaines. Ces exemples vous inspireront à adapter vos prompts pour optimiser chaque interaction avec l'IA, offrant un point de départ solide pour tirer parti des capacités de l'IA.Vous pouvez l'utiliser avec des IA conversationnelles comme ChatGpt et Claude AI .

Vente

- « Supposons que vous soyez un coach commercial. Rédigez un script d'e-mailing à froid efficace pour atteindre des clients potentiels pour [produit/service] sur un ton persuasif mais amical. »
- « Imaginez que vous êtes un stratège des ventes. Fournissez un guide étape par étape pour créer un pipeline de ventes pour [le secteur] avec un ton clair et pratique. »
- « Agissez en tant qu'expert en négociation. Donnez-moi des stratégies pour gérer les objections de prix des clients avec un ton confiant et rassurant. »
- « Imaginez que vous êtes un expert en produits. Rédigez un argumentaire pour [produit/service] qui met en avant les principaux avantages sur un ton enthousiaste et convaincant. »
- « Vous êtes mon gestionnaire de compte. Proposez-moi des moyens de suivre les prospects sans paraître insistant, en utilisant un ton amical et accessible.

Messages marketing

- « Supposons que vous soyez un stratège de marque. Aidez-moi à définir un message de marque unique pour [produit/entreprise] avec un ton créatif et engageant. »
- « Imaginez que vous êtes un spécialiste du marketing de contenu. Réfléchissez à 10 idées d'articles de blog pour [secteur ou sujet], en utilisant un ton innovant et axé sur le client. »
- « Imaginez que vous êtes un expert des médias sociaux. Créez un calendrier hebdomadaire des médias sociaux pour [plateforme] avec des idées de publications sur un ton optimiste et engageant. »
- « Agissez en tant que spécialiste du référencement. Répertoriez des mots-

clés et des idées de contenu efficaces pour [sujet], en utilisant un ton basé sur les données et perspicace. »

· « Vous êtes mon directeur de campagne. Proposez-moi des stratégies créatives pour accroître la notoriété de la marque sur [marché] avec un ton amusant et dynamique. »

Questions relatives aux ressources humaines (RH)

· « Imaginez que vous êtes un spécialiste des ressources humaines. Rédigez une liste de contrôle d'intégration pour les nouveaux employés sur un ton accueillant et organisé. »

· « Agissez en tant qu'expert en recrutement. Suggérez des questions pour les entretiens avec les candidats pour [poste à pourvoir] avec un ton professionnel et inclusif. »

· « Supposons que vous soyez un consultant en culture. Recommandez des activités pour stimuler le moral de l'équipe et renforcer la culture d'entreprise sur un ton positif. »

· « Imaginez que vous êtes un coach de performance. Donnez un feedback constructif sur [la situation] sur un ton encourageant et respectueux. »

· « Vous êtes un responsable des ressources humaines. Rédigez un résumé de la politique [politique] dans un langage clair et concis que les employés comprendront facilement. »

Invites de gestion

· « Imaginez que vous êtes un consultant en productivité. Proposez un système pour améliorer l'efficacité de l'équipe dans la gestion de [type de projet], avec un ton pratique. »

· « Supposons que vous soyez un expert en team building. Recommandez des stratégies pour renforcer la collaboration au sein d'une équipe à distance, en utilisant un ton encourageant. »

· « Imaginez que vous êtes chef de projet. Créez un plan étape par étape pour gérer [un projet spécifique] efficacement, avec un ton structuré et organisé. »

- « Agir en tant que coach de leadership. Fournir des conseils pour motiver une équipe lors d'un projet difficile, en utilisant un ton encourageant et stimulant. »
- « Vous êtes un spécialiste de la résolution des conflits. Proposez des moyens de gérer un désaccord entre les membres de l'équipe sur un ton calme et diplomatique. »

Conseils du service client

- « Supposons que vous soyez un coach de réussite client. Fournissez des étapes pour gérer un client insatisfait avec empathie et professionnalisme. »
- « Imaginez que vous êtes responsable d'un centre d'appels. Décrivez les meilleures pratiques pour offrir un excellent service client par téléphone sur un ton courtois. »
- « Imaginez que vous êtes un ambassadeur de marque. Rédigez une réponse à un avis positif qui renforce la fidélité à la marque sur un ton amical et authentique. »
- « Agir en tant qu'expert en résolution de plaintes. Proposer des stratégies pour désamorcer une plainte client et la transformer en une expérience positive. »
- « Vous êtes un spécialiste de l'engagement client. Proposez des moyens de personnaliser les e-mails de suivi aux clients pour une plus grande satisfaction. »

Questions de développement de produits

- « Imaginez que vous êtes un concepteur de produits. Donnez votre avis sur les améliorations apportées aux [fonctionnalités du produit] en fonction des besoins des utilisateurs, en utilisant un ton créatif et analytique. »
- « Supposons que vous soyez un consultant en innovation. Générez cinq

nouvelles idées de fonctionnalités pour [produit] qui se concentrent sur l'amélioration de l'expérience utilisateur, avec un ton visionnaire. »

· « Imaginez que vous êtes un spécialiste UX/UI. Donnez des conseils pour créer une interface intuitive pour [une application ou un site Web], en utilisant un ton axé sur l'utilisateur et pratique. »

· « Agir en tant qu'analyste de recherche client. Suggérer des moyens efficaces de recueillir les commentaires des utilisateurs sur [fonctionnalité ou produit] sur un ton perspicace. »

· « Vous êtes un spécialiste du marketing produit. Élaborez un plan de lancement pour présenter [une nouvelle fonctionnalité/un nouveau produit] aux clients existants sur un ton engageant et informatif. »

Productivité et organisation

· « Supposons que vous soyez un coach en productivité. Créez-moi un emploi du temps quotidien, en équilibrant le travail, la famille et les objectifs personnels, avec un ton motivant. »

· « Imaginez que vous êtes un organisateur professionnel. Aidez-moi à désencombrer mon bureau à domicile en énumérant des mesures concrètes sur un ton amical et encourageant. »

· « Imaginez que vous êtes un chef de projet de haut niveau. Décomposez mon projet en étapes réalisables avec des délais estimés, en utilisant un ton clair et concis. »

· « Tu es mon assistant virtuel pour la journée. Résume mes priorités et donne-moi une checklist pour les réaliser, avec un ton motivant. »

· « Endossez le rôle d'un coach de concentration. Proposez des techniques pour rester productif et concentré tout au long de la journée, sur un ton calme et encourageant. »

Apprentissage et amélioration des connaissances

· « Supposons que vous soyez professeur de langue. Apprenez-moi les bases de la [langue] de manière structurée et conviviale, avec des exemples de phrases et des conseils culturels. »

- « Imaginez que vous êtes professeur d'université. Donnez-moi une explication de base sur [sujet complexe], sur un ton sérieux et académique. »
- « Soyez mon guide d'étude personnel. Aidez-moi à décomposer [matière] en objectifs d'apprentissage quotidiens sur 4 semaines, en utilisant un ton encourageant. »
- « Agir comme un coach de prise de parole en public. Donnez-moi des conseils pour améliorer mes compétences en matière de présentation, avec un ton confiant et motivant. »
- « Supposons que vous soyez un communicateur scientifique. Expliquez [le concept scientifique] en termes simples avec un ton curieux et engageant. »

Santé et bien-être

- « Tu es mon entraîneur personnel. Propose-moi un programme d'entraînement de 30 jours adapté aux débutants, avec un ton encourageant et motivant. »
- « Imaginez que vous êtes nutritionniste. Créez un programme de repas équilibré pour la semaine, avec des explications sur un ton chaleureux et encourageant. »
- « Agir comme un coach bien-être. Proposer des exercices de soulagement du stress à intégrer tout au long de ma journée, avec un ton doux et apaisant. »
- « Faites comme si vous étiez un expert du sommeil. Recommandez une routine du coucher pour une meilleure qualité de sommeil, expliquée sur un ton encourageant. »
- « Supposons que vous soyez un coach de vie. Donnez-moi des idées de soins personnels quotidiens à intégrer, en utilisant un ton gentil et encourageant. »

Finances personnelles et budgétisation

- « Vous êtes mon conseiller financier. Aidez-moi à créer un budget de base pour ce mois, avec des conseils pratiques et un ton direct. »
- « Imaginez que vous êtes un expert en matière de vie frugale. Proposez des moyens de réduire les dépenses sans vous sentir privé, en utilisant un ton amical et compréhensif. »
- « Agissez comme un coach en investissement. Expliquez les options d'investissement adaptées aux débutants avec un ton prudent et informatif. »
- « Imaginez que vous êtes un conseiller fiscal. Donnez-moi des conseils de base pour économiser des impôts cette année, d'une manière claire et concise. »
- « Vous êtes mon planificateur financier. Aidez-moi à fixer des objectifs financiers réalistes en effectuant des contrôles d'étape sur un ton positif et motivant. »

Créativité et écriture

- « Supposons que vous soyez un coach en écriture créative. Aidez-moi à réfléchir à des idées d'articles de blog uniques pour [sujet], avec un ton inspirant et énergique. »
- « Imaginez que vous êtes un art-thérapeute. Proposez-lui des activités créatives pour vous détendre et vous relaxer, avec un ton apaisant et encourageant. »
- « Imaginez que vous êtes un expert en narration. Aidez-moi à esquisser une idée de nouvelle, en utilisant un ton créatif et immersif. »
- « Vous êtes mon éditeur. Réécrivez ce paragraphe pour le rendre plus engageant, avec un ton professionnel mais pertinent. »
- « Agir en tant que stratège de contenu. Donnez-moi des idées de publications sur les réseaux sociaux pour engager mon public, en utilisant un ton amical et perspicace. »

Planification et prise de décision

- « Vous êtes mon agent de voyages. Planifiez un itinéraire de 3 jours vers [destination] qui mélange détente et aventure, en utilisant un ton enthousiaste et chaleureux. »
- « Imaginez que vous êtes un assistant personnel. Créez un guide étape par étape pour organiser mon espace de travail, avec un ton calme et encourageant. »
- « Imaginez que vous êtes un coach de carrière. Énumérez les avantages et les inconvénients de [votre décision de carrière] sur un ton objectif et encourageant. »
- « Supposons que vous soyez un coach de vie. Aidez-moi à fixer trois objectifs personnels réalisables pour le mois prochain, avec un ton stimulant et motivant. »
- « Agissez comme mon organisateur d'événements. Fournissez-moi une liste de contrôle pour l'organisation d'un petit rassemblement, avec des conseils sur un ton amusant et optimiste. »

Productivité et organisation

- « Supposons que vous soyez un coach en productivité. Créez-moi un emploi du temps quotidien, en équilibrant le travail, la famille et les objectifs personnels, avec un ton motivant. »
- « Imaginez que vous êtes un organisateur professionnel. Aidez-moi à désencombrer mon bureau à domicile en énumérant des mesures concrètes sur un ton amical et encourageant. »
- « Imaginez que vous êtes un chef de projet de haut niveau. Décomposez mon projet en étapes réalisables avec des délais estimés, en utilisant un ton clair et concis. »
- « Tu es mon assistant virtuel pour la journée. Résume mes priorités et donne-moi une checklist pour les réaliser, avec un ton motivant. »
- « Endossez le rôle d'un coach de concentration. Proposez des techniques pour rester productif et concentré tout au long de la journée, sur un ton calme et encourageant. »

Apprentissage et amélioration des connaissances

- « Supposons que vous soyez professeur de langue. Apprenez-moi les bases de la [langue] de manière structurée et conviviale, avec des exemples de phrases et des conseils culturels. »
- « Imaginez que vous êtes professeur d'université. Donnez-moi une explication de base sur [sujet complexe], sur un ton sérieux et académique. »
- « Soyez mon guide d'étude personnel. Aidez-moi à décomposer [matière] en objectifs d'apprentissage quotidiens sur 4 semaines, en utilisant un ton encourageant. »
- « Agir comme un coach de prise de parole en public. Donnez-moi des conseils pour améliorer mes compétences en matière de présentation, avec un ton confiant et motivant. »
- « Supposons que vous soyez un communicateur scientifique. Expliquez [le concept scientifique] en termes simples avec un ton curieux et engageant. »

Santé et bien-être

- « Tu es mon entraîneur personnel. Propose-moi un programme d'entraînement de 30 jours adapté aux débutants, avec un ton encourageant et motivant. »
- « Imaginez que vous êtes nutritionniste. Créez un programme de repas équilibré pour la semaine, avec des explications sur un ton chaleureux et encourageant. »
- « Agir comme un coach bien-être. Proposer des exercices de soulagement du stress à intégrer tout au long de ma journée, avec un ton doux et apaisant. »
- « Faites comme si vous étiez un expert du sommeil. Recommandez une routine du coucher pour une meilleure qualité de sommeil, expliquée sur un ton encourageant. »
- « Supposons que vous soyez un coach de vie. Donnez-moi des idées

de soins personnels quotidiens à intégrer, en utilisant un ton gentil et encourageant. »

Finances personnelles et budgétisation

- « Vous êtes mon conseiller financier. Aidez-moi à créer un budget de base pour ce mois, avec des conseils pratiques et un ton direct. »
- « Imaginez que vous êtes un expert en matière de vie frugale. Proposez des moyens de réduire les dépenses sans vous sentir privé, en utilisant un ton amical et compréhensif. »
- « Agissez comme un coach en investissement. Expliquez les options d'investissement adaptées aux débutants avec un ton prudent et informatif. »
- « Imaginez que vous êtes un conseiller fiscal. Donnez-moi des conseils de base pour économiser des impôts cette année, d'une manière claire et concise. »
- « Vous êtes mon planificateur financier. Aidez-moi à fixer des objectifs financiers réalistes en effectuant des contrôles d'étape sur un ton positif et motivant. »

Créativité et écriture

- « Supposons que vous soyez un coach en écriture créative. Aidez-moi à réfléchir à des idées d'articles de blog uniques pour [sujet], avec un ton inspirant et énergique. »
- « Imaginez que vous êtes un art-thérapeute. Proposez-lui des activités créatives pour vous détendre et vous relaxer, avec un ton apaisant et encourageant. »
- « Imaginez que vous êtes un expert en narration. Aidez-moi à esquisser une idée de nouvelle, en utilisant un ton créatif et immersif. »
- « Vous êtes mon éditeur. Réécrivez ce paragraphe pour le rendre plus engageant, avec un ton professionnel mais pertinent. »
- « Agir en tant que stratège de contenu. Donnez-moi des idées de

publications sur les réseaux sociaux pour engager mon public, en utilisant un ton amical et perspicace. »

Planification et prise de décision

- « Vous êtes mon agent de voyages. Planifiez un itinéraire de 3 jours vers [destination] qui mélange détente et aventure, en utilisant un ton enthousiaste et chaleureux. »
- « Imaginez que vous êtes un assistant personnel. Créez un guide étape par étape pour organiser mon espace de travail, avec un 2ton calme et encourageant. »
- « Imaginez que vous êtes un coach de carrière. Énumérez les avantages et les inconvénients de [votre décision de carrière] sur un ton objectif et encourageant. »
- « Supposons que vous soyez un coach de vie. Aidez-moi à fixer trois objectifs personnels réalisables pour le mois prochain, avec un ton stimulant et motivant. »
- « Agissez comme mon organisateur d'événements. Fournissez-moi une liste de contrôle pour l'organisation d'un petit rassemblement, avec des conseils sur un ton amusant et optimiste. »

Intercom et l'Optimisation du Support Client

Intercom, entreprise spécialisée dans le service client, a intégré l'IA pour assister ses agents dans la gestion des requêtes. En affinant ses prompts, l'équipe a réduit le temps de traitement des tickets de 30 %, augmentant ainsi la satisfaction client tout en optimisant l'efficacité opérationnelle.

Jasper et la Création de Contenu

Jasper aide les rédacteurs en leur proposant des modèles de prompts pour générer des idées de blog, des annonces publicitaires, et des e-mails marketing. Les équipes marketing utilisent cette solution pour créer rapidement du contenu pertinent, maximisant ainsi la productivité.

Et si tout le monde maîtrisait le Prompt Engineering ?

Tout le monde , en maîtrisant le prompt engineering, peut améliorer la communication avec l'IA pour obtenir des résultats plus précis et pertinents. Dans la prise de décision, par exemple, structurer les prompts pour que l'IA fournisse des analyses de risques, des prévisions ou des synthèses précises est un atout considérable. Cette maîtrise du prompt engineering permet non seulement d'optimiser les ressources, mais aussi d'innover dans les processus de résolution de problèmes en intégrant l'IA de manière stratégique.

Une Compétence Clé pour l'Avenir

Le prompt engineering est une compétence de plus en plus précieuse pour tirer parti de l'IA conversationnelle. Elle permet aux entreprises d'améliorer la productivité, d'optimiser les processus et d'offrir des expériences plus enrichissantes et satisfaisantes à leurs clients et employés. Investir dans cette compétence offre un avantage compétitif dans un monde où la technologie IA devient omniprésente.

En intégrant le prompt engineering dans votre culture d'entreprise et en encourageant la formation continue, vous permettez à votre organisation d'atteindre un nouveau niveau d'efficacité et de créativité, prêt à répondre aux défis de demain.

40

Cas d'Utilisation de l'IA et de l'Automatisation

D ans un monde où la technologie évolue à une vitesse fulgurante, il est essentiel pour les entreprises et les organisations d'anticiper et d'adopter les innovations qui optimisent leurs opérations. L'intelligence artificielle (IA) et l'automatisation transforment chaque secteur, de la finance aux ressources humaines, en passant par la logistique et le service client. Mais comment savoir où et comment appliquer ces technologies dans votre entreprise ?

Cette section a été conçue comme un guide pratique, non pas pour vous noyer sous des concepts abstraits, mais pour vous montrer, à travers des cas concrets, comment l'IA et l'automatisation sont déjà utilisées dans divers secteurs. Ici, vous découvrirez des **cas d'utilisation** détaillés qui illustrent comment différentes fonctions d'une organisation peuvent tirer parti de ces technologies pour **accroître leur efficacité, réduire les coûts et améliorer l'expérience client**.

Nous avons structuré ces cas d'utilisation par fonction métier, pour que vous puissiez facilement identifier les opportunités qui s'appliquent à votre propre entreprise. Que vous soyez un gestionnaire en finance cherchant à automatiser la réconciliation bancaire, un responsable marketing souhaitant affiner ses campagnes grâce à l'analyse prédictive, ou un professionnel de la santé explorant l'IA pour améliorer les diagnostics, cette section vous fournira des **applications concrètes et stratégiques**.

L'objectif est de vous fournir une **vue d'ensemble des tendances actuelles**, mais aussi de vous **donner des idées actionnables** que vous pouvez immédiatement adapter à votre propre organisation.

Dans cette ère de transformation digitale, comprendre et maîtriser l'IA n'est plus une option mais une nécessité. Ces cas d'utilisation sont là pour vous aider à **démystifier** l'application de ces technologies et à vous projeter vers l'avenir de votre secteur avec un regard éclairé.

Que vous soyez un dirigeant cherchant à rendre son entreprise plus agile, un entrepreneur souhaitant optimiser ses opérations, ou un professionnel curieux des évolutions de son domaine, cette section vous guidera à travers **les nombreuses façons dont l'IA et l'automatisation révolutionnent déjà le monde du travail.**

41

Cas d'Utilisation de l'IA dans la Fonction Finance

N ous explorerons dans ce cas comment l'intelligence artificielle (IA) révolutionne les fonctions financières au sein des entreprises. À travers des exemples, nous verrons comment l'IA peut optimiser les processus comptables, améliorer la précision des analyses financières, et automatiser les tâches répétitives pour permettre aux équipes de se concentrer sur des activités à plus forte valeur ajoutée.

1. Gestion des Comptes Fournisseurs

Mise en place et maintenance des données fournisseurs : L'IA gère les workflows d'approbation pour la création, la modification ou la suppression des fournisseurs et exécute automatiquement ces changements dans les systèmes. Elle reçoit, classe et traite les documents officiels des fournisseurs, tels que les licences commerciales et les documents d'identification, en utilisant la reconnaissance intelligente de caractères. Ces informations sont vérifiées avec des sources externes, telles que des bases de données gouvernementales, et en cas de divergence, elles sont envoyées pour enquête.

Traitement des factures fournisseurs : Les factures ou les reçus des fournisseurs sont numérisés et traités dans les systèmes comptables grâce à la reconnaissance intelligente de caractères. L'IA identifie les exceptions, puis envoie les documents dans un workflow spécifique pour traitement et approbation. Elle soutient également les processus de workflow et d'approbation pour les commandes d'achat et les factures reçues.

Appariement et résolutions : L'IA effectue des appariements à deux ou trois niveaux, en comparant les prix, les quantités et les produits entre la commande, la réception des marchandises, et la facture. Elle crée et envoie des emails pour enquêter et résoudre les écarts avec d'autres départements, puis gère les échanges de réponses et les actions nécessaires pour combler les écarts, comme poster une écriture comptable de régularisation.

Traitement des paiements : L'IA prépare les listes de paiements et les traite, y compris les paiements en masse, via le système comptable ou le site web de la banque.

2. Gestion des Comptes Clients

Mise en place et maintenance des données clients : L'IA gère les workflows d'approbation pour la création, la modification ou la suppression des clients, et exécute ces changements automatiquement dans les systèmes. Elle reçoit, classe et traite les documents officiels des clients dans le système de gestion des clients, vérifie ces informations avec des sources externes, et envoie les divergences pour enquête.

Traitement des commandes et paiements : L'IA formate et classe les données des factures clients selon les exigences du système final. Elle reçoit les commandes des clients du service commercial, les vérifie, et les traite dans le système comptable. Elle envoie les reçus de paiement aux clients par email et affecte les paiements reçus sur le compte bancaire aux comptes clients pertinents.

Analyse et prédiction : L'IA génère des rapports d'ancienneté des paiements en extrayant des données des systèmes comptables. Elle prédit quels clients risquent de payer en retard ou de ne pas payer, en utilisant des informations démographiques et comportementales, puis identifie les tendances et les moteurs des créances impayées et estime les provisions. L'IA identifie, résout et surveille les causes profondes des écarts de paiement.

3. Gestion des Écritures Comptables

Automatisation des entrées comptables : L'IA crée des fichiers et envoie des emails pour obtenir des approbations pour les écritures comptables ou pour demander des informations pour le calcul des provisions. Elle automatise la saisie des écritures dans les sous-systèmes et les grands livres selon des conditions spécifiques, telles que la catégorie, le temps ou les montants.

Validation et rationalisation : Elle crée et poste des écritures standard mensuelles en utilisant des modèles pré-remplis fournis par différents utilisateurs métier. L'IA automatise la soumission et la validation des écritures comptables dans les ERP ou autres systèmes, en fonction de règles prédéfinies, par exemple, à une date et une heure spécifiques chaque mois, ou après la finalisation de toutes les activités comptables. Elle audite et rationalise le volume des écritures comptables manuelles en analysant leur quantité et leur nature.

4. Réconciliation des Comptes et Transactions Inter-entreprises

Réconciliations automatisées : L'IA télécharge, effectue et rapporte les réconciliations du grand livre avec les sous-livres selon les normes de l'organisation. Elle réalise des réconciliations inter-entreprises sur les ERP ou en extrayant les informations des s8ystèmes. Elle génère des rapports catégorisant et résumant les écarts, puis les envoie aux contrôleurs concernés pour enquête.

Gestion des écarts : L'IA identifie, résout et surveille les causes profondes des écarts de comptes. Elle crée et envoie des emails pour enquêter et résoudre les écarts avec les autres équipes financières ou d'autres départements, gère les allers-retours des réponses, et exécute les actions nécessaires pour combler les écarts, comme poster une écriture comptable de régularisation. Elle met en place et maintient les données maîtres des comptes, gère les workflows d'approbation pour la création, la modification ou la suppression des comptes, et exécute ces changements automatiquement dans les systèmes.

5. Réconciliation des Transactions et Comptes Bancaires

Automatisation des réconciliations bancaires : L'IA télécharge les relevés de chaque compte bancaire, extrait les comptes clients et fournisseurs des systèmes comptables, et les rapproche avec les relevés bancaires. Elle génère des rapports catégorisant et résumant les écarts, et les envoie aux contrôleurs concernés pour enquête.

Résolution des écarts : L'IA identifie, résout et surveille les causes profondes des écarts de comptes. Elle crée et envoie des emails pour enquêter et résoudre les écarts avec les autres équipes financières ou d'autres départements, gère les échanges de réponses, et exécute les actions nécessaires pour combler les écarts, comme poster une écriture comptable de régularisation. Elle automatise la création d'écritures comptables de régularisation pour résoudre les écarts en fonction de règles prédéfinies, telles que les types ou les montants des écarts.

6. Support pour les Rapports Réglementaires et de Gestion

Collecte et nettoyage des données : L'IA extrait et nettoie les données provenant de sources structurées ou non structurées. Elle soutient les workflows de collecte des données financières provenant de différentes entités et systèmes. Par exemple, elle envoie un formulaire de collecte de données standardisé aux entités de reporting pour qu'elles le remplissent ; elle gère la réception des formulaires complétés et relance les entités selon un délai prédéfini.

Support et analyse : L'IA soutient les entités de reporting pour répondre aux questions fréquemment posées, telles que les questions relatives aux principes comptables. Elle vérifie (de manière basique) les paquets de reporting reçus des entités de reporting pour en garantir l'exactitude et l'intégralité. Elle effectue des calculs standardisés basés sur des règles, et consolide les paquets de reporting. L'IA prépare des présentations pour les revues de gestion en collectant des données provenant de plusieurs systèmes financiers et rapports.

Génération d'insights : Elle soutient l'analyse des états financiers et la génération d'insights en identifiant les moteurs et tendances, et en modélisant les causes profondes, 8comme l'élasticité des prix, les impacts des volumes sur la marge. Elle rédige des analyses standard des tendances ou des commentaires standard des graphiques.

Comparaison des rapports : L'IA compare automatiquement les rapports avec les données réglementaires disponibles en ligne.

7. Gestion de la Planification Financière et de l'Analyse (FP&A)

Soutien à la planification et aux prévisions : L'IA soutient les workflows de collecte de données et les approbations pour la budgétisation et les prévisions. Elle pré-remplit les budgets et prévisions en prédisant les montants basés sur des corrélations avec les données historiques et de marché. Elle charge les soldes pré-remplis dans le système de planification.

Analyse prédictive : L'IA aide à identifier les risques et opportunités par rapport au budget ou aux prévisions. Par exemple, elle examine les lignes de revenus, de coûts, et de marges, en identifiant les zones de risque potentiel par rapport aux prévisions, en se basant sur les dernières données de marché et des tendances macroéconomiques. Elle génère des hypothèses standard et des scénarios de simulation en calculant leur impact financier, comme l'impact des fluctuations des matières premières ou des taux de change sur la marge bénéficiaire, et les variations du coût de financement sur les coûts fixes.

Soutien à la présentation des prévisions : L'IA prépare des présentations pour les revues de gestion en collectant des données financières de plusieurs systèmes et rapports.

Cette étude de cas démontre comment l'intégration de l'IA dans la fonction finance peut améliorer l'efficacité opérationnelle, réduire les erreurs humaines, et libérer du temps pour les tâches analytiques à haute valeur ajoutée. Grâce à l'automatisation des tâches répétitives et à l'analyse prédictive, les équipes financières peuvent se concentrer sur la stratégie et la prise de décision éclairée, renforçant ainsi la position concurrentielle de l'entreprise.

42

Cas d'utilisation de l'IA dans la fonction d'approvisionnement

L a fonction des achats, élément central de la chaîne de valeur, peut bénéficier de manière significative des avancées en intelligence artificielle. L'intégration de l'IA permet non seulement d'optimiser les processus existants, mais aussi de prédire les tendances, de mieux gérer les risques, et de renforcer les relations avec les fournisseurs. Ce cas d'étude, inspiré des travaux de Pascal Bornet, illustre comment l'IA peut transformer chaque étape de la fonction des achats, en s'appuyant sur des capacités spécifiques : l'exécution, le langage, la vision, et la réflexion & apprentissage .

1. Élaboration de stratégies de sourcing

Pour développer des stratégies de sourcing efficaces, il est essentiel d'analyser le profil des dépenses de l'organisation en utilisant des données historiques. Par exemple, l'analyse des tendances de la demande et des stocks permet de développer une stratégie d'inventaire adaptée, ou encore de faire correspondre les besoins en demande avec les capacités d'approvisionnement disponibles. L'intelligence artificielle peut être utilisée pour développer des plans d'approvisionnement en se basant sur des prévisions de la demande et les niveaux d'inventaire, en intégrant des données internes et externes. De plus, la catégorisation des catégories de dépenses permet de définir une stratégie claire et de surveiller la performance, tandis que des rapports automatisés et des tableaux de bord constituent des intrants stratégiques clés.

2. Sélection des fournisseurs

L'IA peut jouer un rôle crucial dans la sélection des fournisseurs en automatisant la recherche de marché en ligne et en exploitant les données des fournisseurs existants pour évaluer leur qualité et leurs performances. La création d'un système de notation des fournisseurs peut être facilitée par l'IA, tout comme la formulation de réponses aux questions des fournisseurs concernant les conditions générales et les normes de qualité. L'IA peut également fournir un état d'avancement du processus d'approvisionnement et du paiement des factures, contribuant ainsi à une gestion plus efficace des fournisseurs.

2.1. Gestion des fournisseurs

La gestion des données des fournisseurs est une tâche essentielle qui peut être grandement optimisée par l'IA. Celle-ci permet de configurer et de maintenir les données maîtres des fournisseurs, de gérer les work-flows d'approbation pour la création, la modification ou la suppression de fournisseurs, et d'exécuter automatiquement ces changements dans les systèmes. De plus, l'IA peut surveiller et gérer les données des fournisseurs en utilisant les informations reçues des vendeurs et des sources externes, tout en surveillant les risques opérationnels, qu'ils soient financiers, juridiques ou réputationnels. L'automatisation de la réception des marchandises et du suivi de la qualité des produits livrés permet également de prédire et de signaler les problèmes de conformité des fournisseurs. Enfin, l'analyse des risques et des performances associés au portefeuille de fournisseurs, ainsi que l'identification des fournisseurs critiques, permettent de recevoir des recommandations sur la gestion optimale des relations.

2.2. Gestion des contrats

La création et la mise à jour des contrats peuvent être automatisées, et les données contractuelles peuvent être gérées dans des référentiels facilement consultables. L'IA permet également de surveiller la conformité contractuelle, y compris l'identification des obligations contractuelles et des écarts par rapport aux clauses standard. Les technologies comme la blockchain peuvent être utilisées pour créer des contrats intelligents qui améliorent la gestion des litiges et des conflits, en renforçant ainsi la gestion des risques et des opportunités de bénéfices accrus.

2.3. Commande de matériaux et services

La gestion des demandes d'achat et des workflows d'approbation des commandes d'achat peut être intégrée à un portail d'achat, facilitant ainsi l'approbation automatique des demandes standard. L'IA permet de vérifier les demandes d'achat des utilisateurs et de recommander des positions rentables en temps réel, de solliciter et de suivre les devis des fournisseurs, et de générer des commandes d'achat en utilisant les informations incluses dans les demandes d'achat. En outre, la réconciliation proactive des commandes d'achat, des factures et des réceptions de marchandises est rendue possible, tout comme l'identification des fraudes ou des conflits d'intérêts potentiels dans l'entreprise. L'intégration des notifications d'expédition avancées avec les fournisseurs, ainsi que la mise à jour des portails fournisseurs et leur intégration avec les systèmes internes, permet de surveiller les données clés de gestion des performances telles que la ponctualité des livraisons, la qualité, et les coûts.

2.4. Analyse et rapports sur les dépenses

Pour capturer et nettoyer les données nécessaires à la génération de rapports, l'IA est un outil puissant. Elle permet de pré-remplir les exigences complexes de rapports périodiques, de collecter des données provenant de multiples sources pour créer des tableaux de bord de performance des achats, et d'archiver ces données pour une analyse sur plusieurs périodes. Ces capacités permettent de surveiller la performance et les risques de la fonction d'approvisionnement, en fournissant une vision globale et détaillée .63.

43

Cas d'utilisation de l'IA dans la fonction des ressources humaines

1. Gestion de la publication d'offres d'emploi et du recrutement

La gestion efficace des publications d'offres d'emploi et du recrutement est cruciale pour aligner les objectifs de l'entreprise avec les compétences et les ressources nécessaires. Grâce à l'IA, il est possible de prévoir et de planifier les compétences et les ressources en fonction des besoins futurs, facilitant ainsi la prise de décision stratégique. En utilisant l'analyse prédictive, l'IA peut identifier les besoins en ressources et en compétences basés sur des prévisions de planification, optimisant ainsi la recherche des talents. Les annonces d'emploi peuvent être publiées simultanément sur plusieurs plateformes, telles que les sites web de l'entreprise et les réseaux sociaux, augmentant ainsi la visibilité et l'attractivité des offres.

Le recrutement via les réseaux sociaux est également amélioré par l'IA, qui peut parcourir les profils en ligne pour identifier les candidats potentiels. L'analyse des CV et des données recueillies à partir des réseaux sociaux professionnels permet de présélectionner et de classer les candidats selon leur adéquation avec le poste. Les tâches logistiques, comme la planification des rendez-vous et la demande de documents supplémentaires, peuvent être automatisées, libérant ainsi du temps pour les recruteurs. L'IA peut également être utilisée pour évaluer les candidats lors d'entretiens en analysant leurs réponses verbales, leur comportement, et leur sentiment, facilitant une évaluation initiale plus précise.

2. Intégration des nouveaux employés

Le processus d'intégration des nouveaux employés peut être grandement simplifié par l'automatisation. L'IA permet de traiter les dossiers des candidats depuis leur candidature initiale jusqu'à leur embauche, en veillant à ce que toutes les informations nécessaires soient collectées et vérifiées. Tout au long du processus d'intégration, l'IA peut interagir avec le nouvel employé pour recueillir des informations supplémentaires et générer des rappels administratifs et légaux. De plus, les informations du nouvel employé peuvent être mises à jour simultanément dans plusieurs systèmes, tels que les départements administratifs et informatiques, garantissant ainsi une transition fluide dès le premier jour de travail.

L'activation des identifiants utilisateur dans les différents systèmes d'entreprise peut être déclenchée automatiquement, permettant ainsi au nouvel employé d'accéder aux outils nécessaires dès son arrivée. De plus, l'IA peut automatiser la configuration des formations de base et la diffusion des informations pertinentes. Les systèmes RH peuvent également être connectés en temps réel avec les systèmes de gestion des achats pour éviter les erreurs et les retards dans la fourniture d'équipements tels que les téléphones et les ordinateurs.

3. Gestion du capital humain

L'IA permet d'analyser les données des employés pour informer les décisions de rétention ou de promotion. En tenant compte des données démographiques, de localisation, de compétences, d'évaluations, de sondages d'engagement, et des comportements, l'IA peut offrir des perspectives précieuses sur la gestion du capital humain. L'analyse prédictive permet de prévoir les besoins en personnel en fonction de la charge de travail, de la nature des projets et de la taille des clients. L'IA aide également à identifier les domaines de risque clés qui peuvent affecter la planification RH à court et long terme, en effectuant des analyses de scénarios pour mieux préparer l'entreprise aux futurs défis.

Les analyses fournies par l'IA peuvent générer des informations précieuses sur la diversité, les besoins en requalification, la planification des retraites, et les compétences comportementales, aidant ainsi les décideurs à prendre des décisions éclairées. L'utilisation de l'IA pour ces tâches améliore non seulement la gestion du capital humain, mais contribue également à la création d'une main-d'œuvre plus dynamique et résiliente.

4. Support aux analyses RH et génération de rapports

L'IA facilite la capture et le nettoyage des données pour générer automatiquement des rapports, simplifiant ainsi les exigences complexes de reporting périodique. En consolidant les données provenant de diverses sources, l'IA permet de créer des rapports détaillés et de réaliser des analyses basées sur plusieurs facteurs, tels que la diversité de genre, le niveau des employés, ou la diversité régionale. Ces analyses permettent de mieux comprendre les comportements des employés, comme l'identification précoce des cas de démission ou les facteurs de réussite des meilleurs performants.

L'IA peut également supporter l'analyse et la prédiction des comportements de sortie des employés, fournissant ainsi des informations critiques pour améliorer les politiques RH et minimiser les risques liés aux départs.

5. Gestion de la formation et du développement

La gestion de la formation des employés peut être optimisée par l'IA en examinant le statut des certifications des employés par rapport aux exigences du poste. Les employés et les managers sont notifiés des besoins en certification, garantissant ainsi que les employés restent conformes aux normes de l'entreprise. L'IA peut également prédire les besoins en formation des employés en fonction de divers facteurs, tels que le département, le rôle, la qualité, et les cours de formation disponibles. En personnalisant les programmes de formation en fonction des intérêts, des lacunes en connaissances, des données démographiques et comportementales, l'IA améliore l'expérience d'apprentissage des employés.

Les plateformes conversationnelles peuvent être utilisées pour gérer les demandes de formation, les rapports, et les inscriptions, tandis que l'IA détermine le retour sur investissement des initiatives de formation et évalue les opérations de formation et de développement en se basant sur des analyses approfondies.

6. Gestion des déplacements professionnels et des dépenses

L'IA peut simplifier la gestion des dépenses en permettant l'entrée des reçus dans le système de gestion des dépenses via des versions scannées des documents. Le workflow d'approbation des dépenses est soutenu par une logique basée sur des règles, permettant l'approbation automatique des dépenses standard et récurrentes. De plus, l'IA peut prévoir les besoins en déplacements des employés de l'entreprise et établir un budget en conséquence, optimisant ainsi la gestion des ressources et des coûts.

7. Gestion des requêtes des employés

La gestion des requêtes des employés est facilitée par l'IA, qui peut envoyer des notifications par email concernant les mises à jour des politiques RH. Les chatbots intelligents peuvent comprendre, rechercher et formuler des réponses aux questions des employés concernant les politiques RH, les processus RH, ou les modifications des données maîtresses des employés. De plus, l'IA peut fournir des services personnalisés, comme la génération de certificats d'emploi ou la fourniture du statut des soldes de congés.

8. Gestion des avantages sociaux des employés

L'IA permet de calculer les avantages applicables à chaque employé en se basant sur des règles liées au niveau ou à l'ancienneté de l'employé. Les factures des fournisseurs peuvent être conciliées avec la liste des employés et les déductions de la paie, assurant ainsi une gestion précise des avantages sociaux.

9. Gestion des postes

L'IA facilite la comparaison des demandes de nouveaux recrutements avec le budget de poste approuvé et les effectifs en place. Les offres salariales ou horaires peuvent être comparées aux demandes et au budget approuvé, tandis que les normes du marché peuvent être identifiées grâce à une analyse des données externes. Cela permet d'assurer que les offres d'emploi sont compétitives et alignées avec les attentes du marché.

10. Validation des enregistrements de temps de travail

L'IA peut examiner quotidiennement les enregistrements de temps de travail des employés pour en vérifier l'exactitude et l'exhaustivité. En cas d'informations manquantes, des notifications sont envoyées à l'employé ou au manager, garantissant ainsi une paie précise et sans défauts.

11. Importation et validation des lots de paie

Les lots de paie standard peuvent être extraits et importés dans le système de paie en vue du traitement du brut au net. L'IA peut également effectuer des validations standard de la paie en comparant les bénéfices, le temps travaillé, et les congés, assurant ainsi une gestion efficace de la paie[63].

44

Cas d'utilisation de l'IA dans la Fonction de la Chaîne d'Approvisionnement

1. Gestion de la Demande de Produits et Services

L'intelligence artificielle est essentielle pour la gestion de la demande de produits et services, car elle permet d'optimiser les prévisions et d'identifier les tendances du marché. Ce processus débute par l'élaboration de prévisions de base en se basant sur des données historiques et des facteurs externes pertinents. Ces prévisions servent ensuite de fondement pour établir un consensus au sein de l'entreprise. Ce consensus est comparé au budget financier, ce qui permet d'identifier les écarts et de créer des rapports de rapprochement pour informer les responsables de processus.

L'IA joue également un rôle crucial dans la surveillance continue des activités par rapport aux prévisions. En utilisant un processus itératif de prévisions, l'IA améliore continuellement ses prédictions en ajustant les méthodes en temps réel, en mesurant la précision des prévisions, et en identifiant les méthodes les plus optimales. De plus, elle analyse les corrélations, les tendances et les facteurs influençant la demande, ce qui lui permet d'effectuer des prévisions automatisées, incluant la sélection des algorithmes les mieux adaptés à chaque situation. En surveillant la concurrence et les tendances du marché, l'IA analyse les données historiques et recommande des plans pour optimiser les promotions.

2. Gestion des Matériaux

La gestion des matériaux est grandement améliorée grâce à l'IA, qui permet d'améliorer la précision des plans de production et d'optimiser les niveaux de stock. L'IA aide à identifier les matériaux critiques et à évaluer la capacité des fournisseurs, ce qui permet de créer des plans de production qui tiennent compte des contraintes et des besoins. Elle est également utilisée pour configurer et maintenir les données maîtres des matériaux, en gérant les flux d'approbation pour la création, la modification ou la suppression des spécifications des matériaux, et en exécutant automatiquement les changements dans les systèmes.

L'IA joue un rôle clé dans la planification des réceptions de matériaux, en se basant sur les prévisions de la demande et les plans de production. Elle effectue également des analyses pour éviter le surstockage ou le sous-stockage, en identifiant les causes sous-jacentes et en utilisant ces résultats pour automatiser des actions telles que l'envoi de commandes aux fournisseurs. En outre, l'IA gère le flux de matériaux entrants et la performance des livraisons en calculant divers indicateurs, en générant des rapports sur les catégories de matériaux, et en ajustant les calculs pour les marchandises en transit, garantissant ainsi une gestion fluide des inventaires.

Dans le cadre de la réception des produits, l'IA initie des actions correctives en cas de non-conformité entre la commande d'achat et les marchandises reçues. Elle gère également les entrées pour la réception des produits dans le système de planification des besoins en matières.

3. Exploitation des Entrepôts

L'IA transforme l'exploitation des entrepôts en améliorant la gestion des inventaires et la sécurité. Elle permet d'estimer et de localiser les inventaires physiques de matières premières et de produits finis, tout en suivant la disponibilité des produits en temps réel grâce à l'utilisation de caméras et d'informations sur les flux d'inventaire. En plus de cela, l'IA peut être utilisée pour analyser les flux vidéo des caméras de vidéosurveillance afin d'identifier les vols potentiels et les violations des règles de sécurité, qu'ils soient commis par les employés ou les prestataires de services tiers. Cela renforce non seulement la sécurité mais aussi l'efficacité opérationnelle.

4. Gestion de la Distribution

Dans la gestion de la distribution, l'IA est utilisée pour déterminer et surveiller les besoins en inventaire de produits finis à destination, en tenant compte des données historiques ainsi que des informations sur le marché. L'IA calcule la planification optimale de la distribution en prenant en considération les contraintes d'inventaire et de transport, ce qui permet d'optimiser la planification du réapprovisionnement, de construire un plan de répartition à destination, et de surveiller l'utilisation des capacités de transport.

L'IA prédit également les événements susceptibles d'affecter l'offre et la demande, ce qui permet d'anticiper les besoins des clients et de recommander des actions correctives en conséquence. Elle optimise également les itinéraires logistiques en séquençant les expéditions et en définissant les routes les plus efficaces, ce qui réduit les coûts et accélère les livraisons. De plus, l'IA surveille et évalue la performance de la distribution en collectant des données provenant de diverses sources, telles que les applications, les sites web, et les emails. Elle utilise ces informations pour calculer les indicateurs de performance, évaluer la performance des transporteurs, et identifier les tendances de performance, permettant ainsi d'effectuer des analyses comparatives et de générer des rapports détaillés.[63].

45

Cas d'utilisation de l'IA dans la fonction des technologies de l'information (IT)

1. Gestion des utilisateurs

L'intelligence artificielle peut considérablement améliorer la gestion des utilisateurs en fournissant des réponses automatiques aux requêtes des employés concernant les politiques IT, les processus IT, les questions fréquentes (FAQs), et en aidant à résoudre des incidents via des chatbots intelligents. Ces chatbots utilisent des algorithmes d'apprentissage pour formuler des réponses adaptées et précises, réduisant ainsi la charge de travail du support technique.

Les tâches courantes demandées par les utilisateurs, comme l'installation de nouveaux logiciels, la réinitialisation de mots de passe ou l'octroi de nouvelles autorisations d'accès en fonction des rôles des employés, peuvent être exécutées de manière automatisée, minimisant ainsi les erreurs humaines et accélérant le processus de gestion des accès. L'IA peut également fournir un support utilisateur à distance en réalisant des diagnostics standards, tels que l'évaluation de la capacité, de l'utilisation de la mémoire et de la bande passante, et en résolvant les problèmes courants.

Les politiques IT peuvent être partagées automatiquement avec les utilisateurs à des moments spécifiques ou déclenchées en fonction des modifications apportées aux politiques. Par ailleurs, la gestion des formations

IT peut être optimisée en suivant les emails, les calendriers, et le partage de documents, tout en assurant le suivi de l'achèvement des formations et en générant des rapports complets pour la direction.

2. Gestion de la maintenance des systèmes et des incidents

L'IA permet de générer des rapports quotidiens sur les performances des serveurs et des applications, ainsi que d'alerter sur tout problème potentiel. En surveillant les incidents dans différents systèmes, elle collecte des données sur ces incidents, analyse les tendances et identifie les causes profondes. Cela permet de créer des rapports de synthèse utiles pour améliorer la prévention des incidents futurs.

L'évaluation des incidents est facilitée par des processus automatiques de résolution basés sur des règles prédéfinies. L'IA peut également anticiper les besoins de maintenance des systèmes, en identifiant les causes et les facteurs de déclenchement des incidents. Par exemple, un redémarrage automatique d'un serveur peut être programmé lorsque l'utilisation du processeur atteint un seuil critique. Grâce à l'Internet des objets (IoT), l'IA peut aussi aider à résoudre les problèmes matériels en temps réel, en évitant les retards dans les réparations et les maintenances manquées.

Pour une gestion plus avancée des actifs IT, l'optimisation et la sécurité des systèmes peuvent être renforcées à l'aide de la technologie blockchain, garantissant ainsi l'intégrité et la transparence des données.

3. Gestion de la sécurité IT et de la protection des données

L'intelligence artificielle joue un rôle clé dans la surveillance des menaces techniques et des vulnérabilités. Elle permet d'enregistrer et de signaler les problèmes de sécurité, tout en offrant une analyse proactive des données pour identifier les anomalies et les problèmes de qualité des données. L'IA peut ainsi prioriser les causes profondes des problèmes de qualité et guider les entreprises dans l'amélioration continue de la gestion de leurs données.

En ce qui concerne la sécurité des informations et la protection de la vie privée, l'IA teste et évalue les contrôles en place, assurant ainsi la mise en œuvre des meilleures pratiques en matière de sécurité.

4. Développement et installation de logiciels

Dans le développement logiciel, l'IA aide à tester la performance initiale des applications, à recueillir des évaluations de retour d'utilisateurs, et à analyser le succès des scénarios de tests. Cette analyse permet d'identifier les facteurs de réussite, favorisant ainsi l'amélioration continue des activités de développement logiciel.

L'intelligence artificielle soutient également la gestion des fichiers, des sauvegardes, et des synchronisations, ainsi que le nettoyage automatique des dossiers. Des processus de traitement par lots peuvent être planifiés et exécutés automatiquement, réduisant ainsi les charges manuelles.

Pour les nouveaux accès logiciels, l'IA peut soutenir les flux de travail liés à la demande et à l'approbation, automatisant ainsi l'installation de logiciels pré-approuvés sur des serveurs et des machines utilisateurs. Elle surveille aussi les licences logicielles, identifiant les besoins de renouvellement, lançant le processus d'approbation et exécutant le renouvellement des licences en fonction de règles prédéterminées.

5. Gestion des accès aux systèmes et aux dispositifs

La création et la suppression de profils utilisateurs (incluant l'accès réseau, les systèmes d'exploitation, les bases de données et l'accès à distance) peuvent être automatisées par l'IA, en fonction des déclencheurs reçus du département des ressources humaines. Lors de l'installation de nouveaux appareils comme les ordinateurs portables et les smartphones, l'IA peut effectuer des sauvegardes des données de l'ancien appareil, installer les logiciels sur le nouvel appareil, restaurer les données et tester le nouvel environnement de travail.

6. Gestion de la fonction IT

L'IA collecte des données pour évaluer les résultats obtenus en matière de niveaux de service. Elle génère et partage des rapports avec les utilisateurs pour communiquer les résultats atteints par rapport aux objectifs de niveaux de service convenus. Des rapports standards de gestion IT peuvent être distribués à divers intervenants, facilitant ainsi une gestion plus transparente.

De plus, l'intelligence artificielle permet de surveiller le budget IT en effectuant des analyses de variance entre les prévisions et les dépenses réelles, tout en identifiant les causes profondes des écarts.

7. Gestion du portefeuille IT de systèmes et services

L'intelligence artificielle aide à recueillir et à analyser la satisfaction des utilisateurs ainsi que leurs besoins en matière de services IT. Elle analyse aussi la consommation et l'utilisation des solutions et services IT, établissant des indicateurs de performance clés liés à l'utilisation des applications (nombre d'utilisateurs, fréquences, comportements).

En fonction de ces données, l'IA identifie les opportunités d'amélioration, que ce soit par l'ajout de nouveaux systèmes ou la modification des solutions existantes. Elle intègre également des données externes et internes pour répondre aux besoins des utilisateurs et des entreprises. La gestion du catalogue des services et solutions IT est simplifiée grâce à l'IA, qui partage ces informations automatiquement, et analyse les comportements des utilisateurs pour recommander des services en fonction de leurs préférences.

L'IA dans les fonctions IT améliore non seulement l'efficacité opérationnelle mais aussi la sécurité, la gestion des utilisateurs et des systèmes, permettant une gestion proactive et axée sur les données. Cette transformation renforce la capacité des entreprises à innover tout en garantissant la continuité des services informatiques.

46

Cas d'utilisation de l'IA dans la fonction de service client

1. Développer la stratégie de service client

L'une des premières étapes dans le développement d'une stratégie de service client efficace consiste à exploiter les données pour mieux comprendre les clients. Grâce à l'IA, les entreprises peuvent collecter et analyser une multitude d'informations provenant de diverses sources internes comme les CRM (Customer Relationship Management), les courriels, et externes, telles que les réseaux sociaux, les cookies de sites web et les bases de données publiques. Cette analyse permet de segmenter les clients en fonction de leur démographie, comportement, et historique d'interactions, afin de créer des profils précis et adaptés à chaque groupe.

L'intelligence artificielle ne se contente pas de classer les clients ; elle peut aussi monitorer en continu l'efficacité des actions spécifiques à chaque segment. Par exemple, en analysant l'impact de ces actions sur les habitudes d'achat et les retours des clients, l'IA aide à ajuster les stratégies en temps réel pour maximiser les résultats. Un outil clé ici est l'analyse prédictive, qui peut simuler différents scénarios afin d'optimiser les actions en fonction des comportements attendus des clients.

2. Mesurer la satisfaction client

Mesurer la satisfaction client est crucial pour assurer que les attentes des clients sont satisfaites et que les améliorations nécessaires sont identifiées. Les entreprises peuvent tirer parti de l'IA pour collecter des retours via des emails, des pop-ups ou d'autres points d'interaction comme les applications mobiles. Une fois ces données recueillies, l'IA peut catégoriser les retours, analyser les tendances, et identifier les domaines d'amélioration.

Là où l'intelligence artificielle excelle, c'est dans la capacité à analyser les causes profondes des insatisfactions. Par exemple, elle peut identifier que des plaintes récurrentes dans un service spécifique sont liées à une mauvaise communication ou à une procédure trop complexe. De plus, l'IA peut simuler les impacts des actions correctives, permettant ainsi d'évaluer leur efficacité avant même leur mise en œuvre.

Un exemple notable serait l'utilisation d'algorithmes d'analyse de sentiments pour comprendre l'état émotionnel des clients à travers leurs commentaires, ce qui offre un aperçu précieux sur leur perception de l'entreprise et ses services.

3. Planifier le service client

La planification des effectifs du service client devient plus efficace grâce à l'utilisation de l'IA. En se basant sur des données historiques et actuelles (par exemple, les ventes de l'année précédente ou les prévisions météorologiques), l'IA est capable de prédire le volume des demandes entrantes, ce qui permet de planifier les équipes de manière proactive.

Une fonctionnalité intéressante est la capacité de l'IA à ajuster ces prévisions en temps réel en fonction de l'utilisation actuelle des ressources humaines (nombre d'appels traités par agent, temps d'attente, etc.). Cela permet une flexibilité dynamique et une optimisation des ressources, tout en garantissant que les clients reçoivent une assistance rapide et efficace, même lors de pics imprévus.

De plus, l'IA permet d'intégrer des chatbots intelligents capables de fournir un support 24h/24 et 7j/7 pour les demandes les plus simples, tout en transférant les demandes plus complexes aux agents humains, créant ainsi une harmonie parfaite entre les deux.

4. Effectuer l'enregistrement et la mise à jour des clients

Le processus d'enregistrement des nouveaux clients, souvent fastidieux, est entièrement automatisé grâce à l'intelligence artificielle. L'IA peut traiter des documents tels que des pièces d'identité ou des formulaires scannés et les intégrer directement dans les systèmes CRM. Elle complète ces données en récupérant des informations manquantes à partir des réseaux sociaux ou d'autres bases de données externes, réduisant ainsi les erreurs humaines et accélérant le processus.

Par ailleurs, l'IA facilite également l'actualisation des informations des clients à chaque interaction, garantissant que les systèmes sont toujours synchronisés et à jour sans nécessiter de multiples saisies manuelles. Cette automatisation permet de libérer du temps pour que le personnel puisse se concentrer sur des tâches à plus forte valeur ajoutée.

5. Gérer les interactions avec les clients

L'un des aspects les plus révolutionnaires de l'IA dans le service client est son soutien dans la gestion des interactions. Lorsqu'un client contacte le service, l'IA peut immédiatement aider le représentant en suggérant des réponses basées sur l'historique du client, ses préférences, et même son humeur détectée via des algorithmes d'analyse de sentiments. Par exemple, si un client a exprimé une frustration dans une interaction précédente, l'IA peut recommander au représentant d'offrir une solution plus proactive et personnalisée.

Après l'interaction, l'IA peut générer automatiquement un résumé complet de l'échange, facilitant ainsi le suivi des dossiers et l'archivage des informations. L'analyse des interactions par l'IA permet également d'identifier les éléments de langage ou les actions du représentant qui ont conduit à un résultat positif (par exemple, une vente), afin de former d'autres agents sur ces bonnes pratiques.

En temps réel, l'IA peut aussi détecter des signes de frustration chez un client lors d'un appel téléphonique et alerter un superviseur pour qu'il intervienne avant que la situation ne s'aggrave.

6. Automatiser le suivi client

L'IA joue un rôle crucial dans l'automatisation des suivis clients. Après la résolution d'un problème ou une interaction avec un représentant, elle peut automatiquement déclencher des messages de suivi pour valider la satisfaction du client. Ces données de suivi sont ensuite analysées pour améliorer en continu les services offerts.

Par exemple, si un client indique qu'il n'est toujours pas satisfait, l'IA peut non seulement alerter l'équipe concernée, mais aussi proposer des solutions basées sur les cas similaires traités par le passé. Cette proactivité permet de renforcer la fidélité des clients et d'améliorer l'image de marque.

47

Cas d'utilisation de l'IA appliquée à la fonction marketing

D ans le paysage marketing moderne, l'intelligence artificielle (IA) est devenue un outil indispensable pour les entreprises cherchant à maximiser leur efficacité et leur rentabilité. Elle permet de mieux comprendre les marchés, de cibler les clients de manière plus précise et d'optimiser les portefeuilles de produits et les campagnes de communication. Cette étude de cas explore plusieurs scénarios où l'IA est utilisée dans la fonction marketing, démontrant comment elle peut aider les organisations à prendre des décisions plus éclairées et à rester compétitives.

1. Comprendre et cibler les marchés

Les entreprises doivent continuellement surveiller les fluctuations du marché pour anticiper les tendances et ajuster leur stratégie. L'IA joue un rôle crucial dans cette analyse de marché grâce à sa capacité à collecter et à analyser des données externes. Par exemple, en analysant les communiqués de presse et les tendances sur le web, une entreprise peut détecter des changements dans la demande ou l'offre de ses produits.

Un cas concret est celui d'une entreprise de biens de consommation qui utilise des rapports mensuels générés par IA pour identifier des opportunités de croissance ou des menaces émergentes, comme l'entrée de nouveaux concurrents. L'IA permet aussi de réaliser des analyses de scénarios pour prioriser ces opportunités en fonction des coûts internes, des stratégies de prix et des attentes en matière de demande. Un fabricant de produits électroniques a, par exemple, utilisé cette approche pour estimer sa part de marché potentielle dans un nouveau pays et ajuster sa stratégie avant l'entrée d'un concurrent majeur.

2. Comprendre et cibler les clients

L'analyse des clients est l'une des applications les plus directes de l'IA dans le marketing. L'IA permet de collecter des informations issues de multiples sources, tant internes (comme les CRM ou les emails) qu'externes (comme les réseaux sociaux ou les bases de données), pour mieux segmenter et prioriser les clients.

Prenons l'exemple d'une entreprise de e-commerce qui souhaite mieux comprendre le comportement de ses clients. Grâce à l'analyse de données démographiques et comportementales, l'IA a aidé à créer des segments de clientèle spécifiques et à identifier les actions marketing les plus pertinentes pour chaque segment. En analysant les achats, les comportements et les retours des clients, cette entreprise a pu concevoir des promotions ciblées et optimiser la performance de ses campagnes.

De plus, l'IA peut prédire le churn (départ des clients) en analysant les comportements des clients actuels et des clients perdus. Une entreprise SaaS a, par exemple, utilisé ces prédictions pour mettre en place des actions de rétention ciblées, réduisant ainsi son taux de churn de manière significative.

3. Optimiser le portefeuille de produits

L'évaluation continue des produits et des marques est essentielle pour une gestion optimale du portefeuille. L'IA permet d'évaluer les performances des produits non seulement en termes de ventes, mais aussi en analysant les retours des clients, ce qui offre une vue d'ensemble des forces et des faiblesses des différentes gammes de produits.

Un fabricant de produits alimentaires a utilisé l'IA pour analyser les commentaires après-vente de ses clients. Cela lui a permis d'identifier des défauts récurrents dans certains produits et de réagir rapidement pour améliorer la satisfaction client. De plus, l'IA a permis d'identifier de nouvelles opportunités de gamme en surveillant les innovations des concurrents et les lacunes du marché.

4. Gérer les campagnes de communication

Les campagnes de communication efficaces nécessitent une bonne compréhension de la concurrence et une adaptation en temps réel. L'IA aide à surveiller les campagnes des concurrents en analysant leur mix média et en estimant les budgets publicitaires. Ces informations sont cruciales pour concevoir des stratégies de communication qui maximisent les retours sur investissement.

Un cas notable est celui d'une entreprise de mode qui utilise l'IA pour analyser les performances de ses promotions et ajuster ses plans en fonction des tendances du marché et des retours en temps réel. Grâce à l'IA, elle a pu identifier les leviers de croissance des ventes et proposer des actions correctives, telles que des ajustements dans la distribution des ressources publicitaires.

L'intelligence artificielle transforme profondément la manière dont les entreprises abordent le marketing. Que ce soit pour comprendre les marchés, cibler les clients, optimiser le portefeuille de produits ou gérer les campagnes de communication, l'IA offre des avantages significatifs en termes de réactivité, de précision et d'efficacité. En adoptant ces technologies, les entreprises peuvent non seulement améliorer leurs performances à court terme, mais aussi se préparer à un avenir où l'agilité et l'innovation seront clés pour rester compétitives.

48

Cas d'utilisation de l'IA appliquée à la fonction des ventes

Dans l'économie actuelle, les ventes représentent bien plus que la simple transaction de produits ou services. Les processus de vente modernes nécessitent une analyse approfondie des données, une personnalisation accrue des interactions avec les clients et une gestion efficace des canaux de distribution. L'IA permet de révolutionner la fonction des ventes en automatisant et en optimisant chaque étape, de la gestion des commandes à l'identification des clients potentiels, en passant par la gestion des relations clients et la distribution. Cette étude de cas met en lumière plusieurs cas d'utilisation de l'IA dans les ventes et montre comment elle peut améliorer l'efficacité, la rentabilité et la satisfaction client.

1. Traiter les commandes de vente

L'automatisation des processus de traitement des commandes de vente est essentielle pour améliorer l'efficacité et réduire les erreurs. L'IA permet de collecter des informations historiques et actuelles sur les commandes de vente et de détecter des tendances pour générer des prévisions de ventes précises. Par exemple, une entreprise de biens électroniques a utilisé des algorithmes d'apprentissage automatique pour prévoir les périodes de forte demande et ajuster ses stocks en conséquence.

Un autre aspect clé est la gestion en temps réel de la disponibilité des produits et des délais de livraison. Une entreprise logistique a intégré l'IA pour analyser en continu les niveaux de stock, les prévisions de production et les informations d'expédition. Cela lui a permis de donner aux clients des estimations de livraison précises et d'optimiser son processus d'expédition.

L'IA peut également automatiser l'ensemble du cycle de traitement des commandes, depuis la validation des commandes jusqu'à l'emballage, l'expédition et le suivi après-vente. Une entreprise de vêtements en ligne a mis en place un processus entièrement automatisé, réduisant les délais de traitement des commandes et améliorant la satisfaction client.

2. Gérer les clients

L'IA aide à identifier de nouveaux clients potentiels en analysant des données démographiques et comportementales des clients existants.

L'intelligence artificielle (IA) révolutionne le secteur du commerce électronique, notamment en matière de relance des paniers abandonnés. Par exemple, des entreprises en ligne utilisent des systèmes d'IA pour analyser le comportement des clients et envoyer automatiquement des rappels personnalisés aux utilisateurs ayant abandonné leur panier. Cette approche a permis d'augmenter significativement les taux de conversion[70].

De plus, des entreprises SaaS exploitent l'IA pour analyser les données clients et identifier des profils types, leur permettant ainsi de cibler de nouveaux marchés géographiques avec des campagnes marketing personnalisées. Cette stratégie favorise l'expansion et l'acquisition de nouveaux clients[71].

L'automatisation des renouvellements de contrats et la génération de propositions commerciales personnalisées est également facilitée par l'IA. Une entreprise de services financiers a automatisé ce processus, envoyant des propositions et des contrats numériques aux clients en fonction des données collectées, réduisant ainsi les délais et les erreurs humaines.

3. Up-sell et cross-sell

L'intelligence artificielle (IA) révolutionne la manière dont les entreprises interagissent avec leurs clients en proposant des offres personnalisées basées sur les habitudes d'achat. Par exemple, des plateformes de streaming musical comme Spotify utilisent des algorithmes d'IA pour analyser les préférences d'écoute des utilisateurs et leur suggérer des playlists adaptées, améliorant ainsi l'expérience utilisateur et augmentant l'engagement[72].

De même, dans le secteur de la vente au détail, l'IA est employée pour identifier des opportunités de vente croisée en fonction des données démographiques et comportementales des clients. Par exemple, des entreprises utilisent des algorithmes pour analyser les historiques d'achat et recommander des produits complémentaires au moment opportun, ce qui non seulement accroît les ventes, mais améliore également la satisfaction client [73].

4. Gérer les canaux de distribution

La gestion des canaux de distribution est un domaine où l'IA peut faire une différence significative. En analysant des données historiques et actuelles, l'IA peut aider à planifier et à organiser la force de vente de manière optimale.

En utilisant des chatbots intelligents, certaines entreprises ont pu offrir un support client 24/7 tout en optimisant l'intervention humaine. Une entreprise de produits technologiques a utilisé des chatbots pour répondre aux demandes simples de ses clients, tout en réservant les cas complexes à ses agents commerciaux. Cela a permis de réduire les délais de réponse et d'améliorer la satisfaction des clients.

L'optimisation des commissions et des incitations de la force de vente est un autre domaine où l'IA excelle. En utilisant des analyses de scénarios, une entreprise de produits pharmaceutiques a ajusté ses primes commerciales en fonction des prévisions de ventes, des marges et des opportunités de croissance. Cela a permis de maximiser l'efficacité de sa force de vente tout en alignant ses objectifs commerciaux sur les performances attendues.

L'intelligence artificielle révolutionne la fonction des ventes en automatisant les processus, en optimisant la gestion des clients et des canaux de distribution, et en améliorant les stratégies d'up-sell et de cross-sell. Grâce à l'analyse des données, les entreprises peuvent non seulement améliorer leur efficacité opérationnelle, mais aussi offrir une expérience client plus personnalisée et satisfaisante. Dans un monde où la rapidité et l'adaptation sont essentielles, l'IA s'impose comme un levier incontournable pour les équipes commerciales cherchant à maximiser leur potentiel.

49

Cas d'utilisation de l'IA dans la santé

L'IA est en train de transformer l'industrie de la santé de manière inédite, en optimisant les processus cliniques, en améliorant les diagnostics et en aidant à la gestion des soins. De la détection précoce des maladies à la gestion des hôpitaux, les outils d'intelligence artificielle permettent de maximiser l'efficacité, la précision et la qualité des soins, tout en réduisant les coûts. Cette étude de cas examine comment l'IA est appliquée dans divers aspects de la santé pour révolutionner la manière dont les services sont fournis, tant pour les patients que pour les professionnels de santé.

1. Diagnostic assisté par IA

L'un des domaines les plus prometteurs de l'IA en santé est le diagnostic. Les systèmes d'IA sont capables d'analyser des volumes massifs de données médicales, incluant des images radiologiques, des résultats de tests sanguins ou encore des dossiers médicaux électroniques, pour aider les médecins à poser des diagnostics plus rapides et plus précis.

L'intelligence artificielle (IA) révolutionne le dépistage précoce du cancer, notamment du sein. Des algorithmes d'apprentissage profond, entraînés sur des millions d'images médicales, détectent avec précision des anomalies subtiles souvent invisibles à l'œil humain. Par exemple, une étude récente a montré que l'IA pouvait prédire le développement du cancer du sein des années avant sa détection clinique, améliorant ainsi les stratégies de dépistage et offrant une prise en charge plus ciblée pour les femmes à risque [74].

En ophtalmologie, des systèmes similaires sont utilisés pour détecter des maladies comme la rétinopathie diabétique. L'analyse par IA des images rétiniennes permet d'identifier les premiers signes de la maladie bien avant que des symptômes visibles n'apparaissent, offrant ainsi des options de traitement plus précoces.

2. Gestion des flux de patients et des ressources hospitalières

L'IA joue également un rôle crucial dans la gestion des flux de patients et l'optimisation des ressources dans les hôpitaux. La gestion des files d'attente, l'organisation des équipes médicales et la gestion des lits sont autant de défis pour lesquels l'IA peut offrir des solutions.

Dans un autre cas, un hôpital peut mettre en œuvre un système d'IA pour prédire la demande de lits en soins intensifs. En analysant les données historiques des admissions, l'algorithme peut prédire les périodes de pointe, permettant ainsi une meilleure planification des ressources humaines et des stocks médicaux. Cela pourrait réduire les temps d'attente pour les patients nécessitant des soins intensifs.

3. Personnalisation des traitements

L'IA est également au cœur de la médecine personnalisée, où les traitements sont adaptés aux caractéristiques spécifiques de chaque patient. Grâce à l'analyse des données génétiques, biologiques et environnementales, les systèmes d'IA peuvent aider à définir des plans de traitement sur mesure pour chaque patient.

Dans le domaine de l'oncologie, l'IA analyse les données génomiques des patients pour recommander des thérapies ciblées en fonction du profil moléculaire de la tumeur. Cette approche améliore l'efficacité des traitements tout en réduisant les effets secondaires. Par exemple, des chercheurs de l'Institut Curie, de l'Inserm et de Mines Paris–PSL ont combiné différents types de données d'examens au sein d'algorithmes d'intelligence artificielle pour améliorer la prédiction de la réponse à l'immunothérapie dans le cancer du poumon non à petites cellules[75].

L'IA peut aussi être utilisée pour ajuster les doses de médicaments. Des algorithmes apprennent à partir de données cliniques pour recommander des ajustements de dosage en fonction de la réponse individuelle des patients à un médicament. Cela permet de maximiser l'efficacité du traitement tout en minimisant les risques.

4. Optimisation des essais cliniques

Les essais cliniques, qui sont essentiels au développement de nouveaux traitements, peuvent bénéficier de l'efficacité des algorithmes d'IA pour accélérer le processus et améliorer les résultats. Le recrutement de patients, la gestion des données et l'analyse des résultats sont autant de tâches qui peuvent être automatisées et optimisées grâce à l'IA.Par exemple, un outil d'IA peut être utilisé pour analyser des millions de dossiers médicaux et identifier les patients éligibles selon des critères complexes, réduisant ainsi le temps nécessaire au recrutement et permettant de lancer l'essai plus rapidement.

L'IA est aussi utilisée pour analyser les résultats des essais cliniques en temps réel, ce qui permet de prendre des décisions plus rapidement sur l'efficacité des traitements ou la nécessité de réorienter l'essai. Cette analyse en temps réel permet de limiter les coûts et de raccourcir la durée des essais.

L'intelligence artificielle transforme radicalement le secteur de la santé, offrant des outils puissants pour améliorer les diagnostics, la gestion des patients, la personnalisation des traitements et l'optimisation des essais cliniques. En adoptant ces technologies, les hôpitaux, les cliniques et les laboratoires peuvent non seulement offrir de meilleurs soins aux patients, mais aussi améliorer leur efficacité et réduire les coûts. Cette révolution technologique, portée par l'IA, place la santé sur une trajectoire d'innovation sans précédent, où la qualité des soins s'améliore de manière significative, tout en permettant aux professionnels de santé de mieux se concentrer sur l'humain.

50

Cas d'utilisation de l'IA dans l'industrie bancaire et financière

L'IA a profondément transformé l'industrie bancaire et financière, où la rapidité, la précision et la sécurité des transactions sont primordiales. Des algorithmes intelligents sont désormais utilisés pour automatiser les processus financiers, détecter les fraudes, évaluer les risques, et même personnaliser les services pour les clients. Cette étude de cas explore comment l'IA aide les institutions financières à mieux servir leurs clients, à gérer les risques, et à optimiser leurs opérations tout en assurant une sécurité accrue.

1. Détection de fraude

La détection de fraude est un domaine critique où l'IA a fait des avancées considérables. Les banques et autres institutions financières traitent des millions de transactions chaque jour, et il est crucial de repérer rapidement les activités suspectes. Traditionnellement, la détection de fraude reposait sur des règles statiques, mais l'IA utilise désormais des algorithmes de machine learning pour identifier des schémas complexes en temps réel.

Par exemple, des algorithmes d'apprentissage automatique analysent les transactions pour détecter des comportements inhabituels, permettant ainsi de signaler rapidement les activités suspectes et de réduire les pertes liées à la fraude [76].

Les systèmes d'IA peuvent également évoluer au fur et à mesure que de nouveaux types de fraudes apparaissent, en apprenant à partir des données des fraudes détectées. Cela permet aux institutions financières d'être toujours à jour face aux nouvelles menaces sans avoir à mettre à jour manuellement leurs systèmes.

2. Gestion des risques et évaluation du crédit

L'IA a considérablement amélioré la gestion des risques, notamment dans l'évaluation du crédit. Les modèles traditionnels de notation de crédit étaient souvent limités à l'analyse de quelques variables financières. Cependant, l'IA permet une évaluation beaucoup plus complète en analysant des milliers de points de données, allant des historiques de transactions bancaires aux comportements d'achat et à l'activité en ligne.

L'IA est également utilisée dans les banques pour réaliser des simulations et des analyses de scénarios sur les portefeuilles d'investissements. Ces simulations permettent d'évaluer l'impact de différentes conditions économiques sur les actifs financiers, permettant ainsi aux gestionnaires de portefeuille de mieux anticiper les risques de marché et d'ajuster leurs stratégies en conséquence.

3. Automatisation des processus financiers

L'automatisation des processus bancaires est un autre domaine où l'IA montre tout son potentiel. De nombreuses institutions financières ont recours à des robots logiciels (RPA - Robotic Process Automation) couplés à des algorithmes d'IA pour automatiser des tâches répétitives comme le traitement des demandes de prêt, la vérification des documents ou encore la gestion des réclamations clients.

Par exemple, une grande banque européenne appelée BNP Paribas, a intégré l'intelligence artificielle dans ses processus de traitement des prêts, réduisant ainsi de 80 % le temps nécessaire à l'approbation des demandes. Cette automatisation permet aux employés de se concentrer sur des tâches à plus forte valeur ajoutée, comme le conseil aux clients[68].

De plus, l'IA est utilisée pour gérer les opérations après-vente, notamment la gestion des réclamations clients. Par exemple, des systèmes automatisés analysent les plaintes, identifient les priorités et déclenchent les actions correctives appropriées, réduisant ainsi le temps de traitement des réclamations [69].

4. Personnalisation des services et recommandations financières

Dans un secteur où la fidélité des clients est cruciale, l'IA permet aux banques de proposer des services de plus en plus personnalisés. En analysant les comportements des clients et leurs interactions avec les produits bancaires, l'IA peut recommander des produits ou des services adaptés aux besoins spécifiques de chaque client.

Par ailleurs, l'intégration de chatbots intelligents dans les applications bancaires permet de répondre aux questions des clients sur les soldes de compte, d'effectuer des transferts d'argent, de fournir des informations sur les transactions récentes et de recommander des produits financiers. Cette adoption réduit la charge des centres d'appels et améliore la satisfaction des clients grâce à des réponses instantanées[77].

5. Chatbots et assistants virtuels

Enfin, les chatbots et les assistants virtuels alimentés par l'IA sont devenus des outils incontournables dans l'industrie bancaire. Ils offrent une assistance 24/7 aux clients pour répondre à des questions simples, effectuer des transactions ou fournir des conseils financiers.

Un exemple d'implémentation réussie est celle d'une banque nord-américaine qui a intégré un chatbot intelligent sur son application mobile. Ce chatbot est capable de répondre à des questions sur les soldes de compte, de transférer de l'argent, de fournir des informations sur les transactions récentes et de recommander des produits financiers.

Les chatbots sont aussi utilisés pour faciliter les processus de collecte de documents, comme lors de l'ouverture de comptes ou de la demande de prêts. Un grand groupe bancaire européen utilise un assistant virtuel pour guider les clients à travers les étapes de vérification d'identité et la soumission de documents, réduisant ainsi le besoin d'intervention humaine et accélérant le processus.

L'intelligence artificielle transforme profondément l'industrie bancaire et financière, offrant des solutions innovantes pour améliorer la sécurité, optimiser la gestion des risques, automatiser les processus et personnaliser les services clients. En adoptant l'IA, les institutions financières peuvent non seulement améliorer leur efficacité opérationnelle, mais aussi offrir des expériences plus riches et plus engageantes pour leurs clients, tout en restant compétitives sur un marché en constante évolution. Dans un secteur où la rapidité et la précision sont essentielles, l'IA s'avère être un outil incontournable pour relever les défis de demain.

51

Cas d'utilisation de l'IA au service des gouvernements et du secteur public

L'intelligence artificielle (IA) offre aux gouvernements et au secteur public des outils puissants pour améliorer l'efficacité, renforcer la transparence et offrir de meilleurs services aux citoyens. Dans un contexte de complexité croissante des données, de ressources limitées et d'attentes accrues des citoyens, l'IA peut permettre d'automatiser les processus administratifs, d'optimiser la gestion des ressources publiques et d'améliorer la prise de décision. Cette étude de cas explore comment l'IA peut révolutionner le secteur public et social, en apportant des solutions concrètes aux défis des administrations publiques.

1. Amélioration des services publics et gestion des ressources

Les gouvernements traitent d'immenses volumes de données dans des domaines tels que la fiscalité, la sécurité sociale, et la gestion des infrastructures. L'IA permet de traiter ces données de manière plus rapide et efficace, tout en fournissant des analyses plus précises pour améliorer la prestation de services.

Par exemple, dans le domaine de la fiscalité, des administrations fiscales de plusieurs pays ont utilisé l'IA pour automatiser le traitement des déclarations de revenus. L'IA permet de détecter rapidement les erreurs et les fraudes potentielles en analysant des millions de déclarations fiscales à la recherche de schémas inhabituels. En Estonie, l'une des nations les plus numérisées au monde, un système d'IA a permis de réduire les erreurs de traitement et de rationaliser le remboursement des impôts en quelques minutes au lieu de plusieurs semaines.

Un autre exemple est l'utilisation de l'IA pour l'entretien prédictif des infrastructures publiques. Des chercheurs de l'Université du Massachusetts à Amherst ont développé une méthode d'inspection des ponts en acier utilisant l'intelligence artificielle et la numérisation 3D. Cette approche permet d'identifier rapidement les zones nécessitant une maintenance, améliorant ainsi la sécurité et réduisant les coûts d'entretien[78].

2. Amélioration de la prise de décision publique

Les décideurs publics doivent souvent jongler avec de vastes quantités de données pour prendre des décisions qui affectent des millions de citoyens. L'IA peut aider à rendre ces décisions plus éclairées en fournissant des analyses basées sur des données en temps réel et en proposant des scénarios simulés pour anticiper les conséquences des politiques publiques.

L'IA peut également être utilisée pour aider à répondre aux crises, comme lors de catastrophes naturelles. En analysant des données météorologiques, démographiques et géospatiales, les gouvernements peuvent anticiper l'impact d'événements comme des inondations ou des tremblements de terre et mieux coordonner leurs réponses. Cela permet d'améliorer l'allocation des ressources, de limiter les pertes humaines et matérielles, et d'assurer une réponse rapide aux besoins des populations touchées.

3. Renforcement de la transparence et de la lutte contre la corruption

L'une des principales préoccupations des citoyens est la transparence dans la gestion des affaires publiques. L'IA peut contribuer à renforcer cette transparence en automatisant le suivi des budgets, des dépenses publiques, et en identifiant les pratiques frauduleuses.

Un exemple concret est celui de l'utilisation de l'IA pour la détection des fraudes dans les appels d'offres publics.

L'IA est également utilisée pour suivre et analyser les dépenses publiques. En Corée du Sud, une plateforme d'IA permet de suivre en temps réel les transactions liées aux fonds publics et de détecter des anomalies. Cela renforce la transparence et aide à prévenir les abus et la mauvaise gestion des ressources publiques.

4. Optimisation des services sociaux et de l'aide aux citoyens

L'un des domaines où l'IA peut avoir un impact significatif est la gestion des programmes sociaux et des aides publiques. En optimisant l'allocation des ressources et en personnalisant les services en fonction des besoins des citoyens, les gouvernements peuvent mieux répondre aux attentes et améliorer l'efficacité des politiques sociales.

En Finlande, l'Institution d'assurance sociale (Kela) a mis en place deux chatbots, Kela-Kelpo et FPA-Folke, pour aider les usagers à trouver des informations sur les prestations via son portail web en libre-service. Ces chatbots, introduits en 2017, utilisent le traitement du langage naturel pour communiquer en finnois, suédois et anglais. Ils facilitent l'accès aux informations sur les prestations sociales, améliorant ainsi l'efficacité du service public[79].

L'IA peut aussi être utilisée pour prédire les besoins en logement social ou en assistance médicale. Par exemple, au Royaume-Uni, des municipalités ont utilisé des systèmes d'IA pour identifier les familles à risque de devenir sans-abri en analysant des facteurs tels que les loyers impayés, les litiges judiciaires ou les emplois précaires. Cela permet d'intervenir de manière préventive en offrant un soutien ciblé avant que la situation ne devienne critique.

5. Facilitation de la relation citoyen-gouvernement

Avec l'IA, les gouvernements peuvent aussi améliorer l'interaction avec les citoyens en simplifiant et en automatisant certaines tâches administratives. Les chatbots et assistants virtuels sont de plus en plus utilisés pour répondre aux questions des citoyens, traiter des demandes simples et guider les utilisateurs dans les démarches administratives.

Par exemple, en Inde, le National Informatics Centre (NIC) a développé "VANI", une plateforme de chatbot en tant que service, permettant de créer des assistants virtuels pour divers services publics. Cette initiative vise à améliorer l'accessibilité des services gouvernementaux pour les citoyens, en particulier ceux des zones rurales, en fournissant une assistance 24h/24 et

7j/7 dans plusieurs langues [80].

L'intelligence artificielle représente une opportunité unique pour les gouvernements et le secteur public de moderniser leurs processus, d'optimiser la gestion des ressources et d'améliorer les services aux citoyens. En adoptant ces technologies, les administrations peuvent devenir plus transparentes, efficaces et mieux adaptées aux besoins de leurs citoyens. De la gestion des infrastructures à la lutte contre la fraude, en passant par l'optimisation des services sociaux, l'IA est en passe de devenir un levier incontournable pour les gouvernements cherchant à relever les défis du 21e siècle.

52

Cas d'utilisation de l'IA au service des Organisations Non Gouvernementales (ONG)

L es organisations non gouvernementales (ONG) jouent un rôle essentiel dans le développement social, la protection des droits humains, l'aide humanitaire et la défense de l'environnement. Face à des ressources souvent limitées, mais à des besoins croissants, l'intelligence artificielle (IA) peut apporter des solutions puissantes pour accroître l'efficacité des actions, améliorer la gestion des ressources et fournir des analyses plus précises sur le terrain. Cette étude de cas explore comment l'IA peut transformer les opérations des ONG, améliorer leur impact social et optimiser leurs initiatives globales.

1. Optimisation de la gestion des ressources et des dons

Les ONG dépendent souvent des dons pour financer leurs activités, ce qui rend crucial l'optimisation de la gestion des ressources et des campagnes de levée de fonds. L'IA permet d'analyser de vastes ensembles de données provenant de donateurs et de campagnes passées afin de prédire les meilleures stratégies pour maximiser les contributions.

Par exemple, des plateformes de collecte de fonds alimentées par l'IA, telles que Hatch, fournissent des profils complets des donateurs et recommandent des méthodes d'engagement personnalisées pour améliorer les taux de conversion[81].

L'IA peut également être utilisée pour optimiser la répartition des ressources. En analysant les besoins sur le terrain, les coûts logistiques et les niveaux de financement disponibles, une ONG humanitaire peut mieux allouer ses fonds à des projets prioritaires.

2. Suivi en temps réel et réponse aux crises humanitaires

L'IA est également un outil puissant pour les ONG travaillant dans les zones de crise ou dans le cadre de réponses humanitaires rapides. Grâce à des technologies comme l'imagerie satellite et les systèmes d'analyse des réseaux sociaux, les ONG peuvent surveiller en temps réel l'évolution des catastrophes naturelles, des conflits ou des crises sanitaires, et ajuster leurs interventions en conséquence.

Dans le domaine de la réponse aux catastrophes naturelles, l'IA est utilisée pour analyser des images satellites en temps réel, permettant aux organisations humanitaires de mieux évaluer les dommages et de prioriser les zones nécessitant une assistance immédiate[82]. Cela a permis de sauver des vies en coordonnant les évacuations et l'envoi de secours plus rapidement.

3. Analyse des impacts et évaluation des programmes

Les ONG doivent souvent démontrer l'impact de leurs programmes pour obtenir des financements supplémentaires et garantir la pérennité de leurs projets. L'IA peut jouer un rôle clé dans l'analyse de ces impacts, en collectant et en traitant des données sur l'efficacité des interventions à grande échelle.

4. Utilisation des chatbots pour l'engagement communautaire

L'IA offre également aux ONG des moyens innovants d'engager les communautés locales et d'améliorer la communication avec les bénéficiaires de leurs programmes. Les chatbots et assistants virtuels peuvent être utilisés pour répondre aux questions courantes, fournir des informations essentielles et collecter des retours d'information en temps réel.

Par exemple, des ONG dans le domaine de la santé utilisent des chatbots pour fournir des informations sur la prévention des maladies et offrir des conseils médicaux de base dans les zones rurales. Ces systèmes permettent d'atteindre des communautés isolées où l'accès aux soins est limité, et d'améliorer la sensibilisation aux questions de santé publique.

5. Prévision des tendances sociales et protection de l'environnement

Les ONG, en particulier celles qui travaillent sur des questions sociales et environnementales, peuvent utiliser l'IA pour anticiper les changements et mieux planifier leurs interventions. Par exemple, les algorithmes d'IA peuvent analyser des données sur le changement climatique, les migrations humaines, ou les dynamiques économiques pour aider les ONG à planifier leurs actions à long terme.

L'IA offre aux organisations non gouvernementales des outils inestimables pour améliorer leur efficacité, maximiser l'impact de leurs interventions, et mieux gérer leurs ressources. En utilisant des technologies basées sur l'IA, les ONG peuvent optimiser la collecte de fonds, réagir plus rapidement aux crises humanitaires, analyser les impacts de leurs programmes, et engager les communautés de manière plus innovante. Face à des défis globaux toujours plus complexes, l'intelligence artificielle s'affirme comme un levier essentiel pour aider les ONG à accomplir leur mission et à apporter un changement durable.

53

Mot de Fin : L'Aventure Ne Fait Que Commencer

N
ous voici à la fin de ce voyage dans le monde fascinant de l'intelligence artificielle (IA) et de l'automatisation. Ce livre avait pour but de vous initier aux outils, stratégies et réflexions nécessaires pour naviguer avec succès dans l'ère 4.0. Mais il ne s'agit pas d'une destination finale : c'est plutôt le point de départ d'un chemin d'apprentissage continu et d'innovation.

Continuez à Explorer, Apprendre et Innover

Les technologies évoluent à une vitesse fulgurante. Ce que nous savons aujourd'hui pourrait être dépassé demain. C'est pourquoi je vous encourage vivement à rester curieux et à vous former continuellement. Des domaines émergents comme le **quantum computing**, les **interfaces cerveau-machine**, ou encore l'**IA générative** ouvrent des opportunités qui révolutionneront nos façons de travailler, de collaborer et de vivre.

Voici quelques pistes pour prolonger votre apprentissage :

- **Suivez les tendances technologiques :** Abonnez-vous à des publications comme *MIT Technology Review*, *Wired*, ou *Harvard Business Review* pour rester informés des dernières avancées en IA, automatisation et technologies connexes.

- **Participez à des communautés technologiques :** Rejoignez des groupes en ligne ou assistez à des conférences sur l'IA et l'automatisation pour échanger avec des professionnels partageant vos intérêts.
- **Approfondissez vos compétences :** Explorez des cours sur des plate-formes comme LinkedIn Learning, Coursera, ou Udemy. Par exemple, le **certificat Google en analyse de données** ou les modules d'apprentissage continu d'IBM sont d'excellents points de départ.

Construire Ensemble le Futur

L'IA et l'automatisation ne sont pas seulement des technologies : ce sont des outils pour construire un avenir plus inclusif, plus efficace et plus humain. À mesure que vous intégrez ces technologies dans votre organisation ou votre carrière, n'oubliez jamais que leur véritable potentiel réside dans leur utilisation éthique et leur alignement avec des objectifs humains.

Restez Connectés : Partageons Nos Idées

Pour continuer cette conversation, je vous invite à rejoindre ma **newsletter sur LinkedIn** où je partage régulièrement des actualités, des analyses et des idées pratiques sur l'IA, l'automatisation et les affaires. Vous y trouverez des outils, des études de cas, et des tendances pour rester à la pointe de l'innovation. Faisons ensemble de l'apprentissage un effort collectif.

Un Dernier Mot de Gratitude

Merci de m'avoir accompagné dans cette exploration. Mon espoir est que vous utilisez ce savoir pour grandir, innover et inspirer autour de vous. Ensemble, nous avons le pouvoir de transformer nos environnements et de faire de l'avenir une terre d'opportunités pour tous.

Bonne continuation dans vos projets et vos découvertes, et surtout, n'ar-rêtez jamais de poser des questions, d'explorer de nouvelles voies, et de rêver. Le futur appartient à ceux qui osent imaginer !

54

Références

Livres:

- **Bornet, Pascal.** *Intelligent Automation: Learn how to harness Artificial Intelligence to boost business & make our world more human.*
- **Schwab, Klaus.** *La Quatrième Révolution Industrielle. Édition 2016.*
- **Gerber, Michael E.** *E-Myth Revisited.*
- **Harnish, Verne.** *Scaling Up.*
- **Goodfellow, Ian, Bengio, Yoshua, & Courville, Aaron.** *Deep Learning. MIT Press, 2016.*
- **Davenport, T. H., & Kirby, J.** *Only Humans Need Apply: Winners and Losers in the Age of Smart Machines. Harper Business, 2016.*
- **Avasarala, V.** *Robotic Process Automation and Cognitive Automation: The Next Phase. Wiley, 2017.*
- **Russell, S., & Norvig, P.** *Artificial Intelligence: A Modern Approach (3rd ed.). Pearson, 2016.*

Articles :

1. GlobeNewswire. (2022). *Payment card fraud losses reach $32.34 billion.* Retrieved from https://www.globenewswire.com/news-release/2022/12/22/2578877/0/en/Payment-Card-Fraud-Losses-Reach-32-34-Billion.html
2. UPS. (n.d.). *UPS's DeliveryDefense pits AI against criminals.* Retrieved from https://about.ups.com/us/en/our-stories/innovation-driven/ups-s-deliverydefense-pits-ai-against-criminals.html
3. Gexa Energy. (n.d.). *The impact of AI and energy efficiency.* Retrieved from https://learn.gexaenergy.com/article/impact-of-ai-and-energy-efficiency
4. Energy Monitor. (n.d.). *In conversation: How AI can optimise energy use and aid the green transition.* Retrieved from https://www.energymonitor.ai/interviews/in-conversation-how-ai-can-optimise-energy-use-and-aid-the-green-transition/
5. MIT Technology Review. (2023, September 14). *AI just beat a human test for creativity. What does that even mean?* Retrieved from https://www.technologyreview.com/2023/09/14/1079465/ai-just-beat-a-human-test-for-creativity-what-does-that-even-mean
6. MIT Technology Review. (2024, July 12). *AI can make you more creative, but it has limits.* Retrieved from https://www.technologyreview.com/2024/07/12/1094892/ai-can-make-you-more-creative-but-it-has-limits
7. Deloitte. (n.d.). *AI study: Almost half of all employees are worried about losing their jobs.* Retrieved from https://www2.deloitte.com/ch/fr/pages/press-releases/articles/ai-study-almost-half-of-all-employees-are-worried-about-losing-their-jobs.html
8. Gartner. (n.d.). *What's new in artificial intelligence from the 2022 Gartner hype cycle.* Retrieved from https://www.gartner.com/en/articles/what-s-new-in-artificial-intelligence-from-the-2022-gartner-hype-cycle
9. Deloitte. (n.d.). *Automation with intelligence: Combining two performance*

levers. Retrieved from https://www2.deloitte.com/fr/fr/pages/services -financier/articles/automation-with-intelligence.html

10. YoomWeb. (n.d.). *30 statistiques et faits sur l'intelligence artificielle (IA) en 2023.* Retrieved from https://yoomweb.com/blogue/hi-tec/statistique s-intelligence-artificielle-ia.html

11. Reuters. (2024, May 21). *AI startup Scale AI raises $1 billion in fresh funding.* Retrieved from https://www.reuters.com/technology/ai-startup-scal e-ai-raises-1-billion-fresh-funding-2024-05-21/

12. Ranktracker. (2024). *AI awakens: Navigating the data deluge - Key statistics shaping 2023's artificial intelligence landscape.* Retrieved from https://www.ranktracker.com/fr/blog/ai-awakens-navigating-the-d ata-deluge-key-statistics-shaping-2023-s-artificial-intelligence-l andscape

13. MSPoweruser. (n.d.). *AI statistics.* Retrieved from https://mspoweruser. com/fr/ai-statistics

14. Pew Research Center. (2023, November 21). *What the data says about Americans' views of artificial intelligence.* Retrieved from https://www.p ewresearch.org/short-reads/2023/11/21/what-the-data-says-about- americans-views-of-artificial-intelligence/

15. Pew Research Center. (2023, July 26). *Which U.S. workers are more exposed to AI on their jobs?* Retrieved from https://www.pewresearch.org/socia l-trends/2023/07/26/which-u-s-workers-are-more-exposed-to-ai- on-their-jobs/

16. American Psychological Association. (n.d.). *Artificial intelligence and workplace worry.* Retrieved from https://www.apa.org/topics/healthy- workplaces/artificial-intelligence-workplace-worry

17. Pew Research Center. (2023, November 21). *What the data says about Americans' views of artificial intelligence.* Retrieved from https://www.p ewresearch.org/short-reads/2023/11/21/what-the-data-says-about- americans-views-of-artificial-intelligence

18. Pew Research Center. (n.d.). *Artificial intelligence.* Retrieved from https://www.pewresearch.org/topic/internet-technology/emerging- technology/artificial-intelligence

19. Autonomous Intelligence Framework. (n.d.). *AI for smart manufacturing: Answer future trends.* Retrieved from https://www.restack.io/p/ai-for-smart-manufacturing-answer-future-trends-cat-ai

20. Pew Research Center. (2023, November 21). *What the data says about Americans' views of artificial intelligence.* Retrieved from https://www.pewresearch.org/short-reads/2023/11/21/what-the-data-says-about-americans-views-of-artificial-intelligence

21. Oberlo. (n.d.). *Artificial intelligence statistics.* Retrieved from https://www.oberlo.com/blog/artificial-intelligence-statistics

22. Pew Research Center. (2023, November 21). *What the data says about Americans' views of artificial intelligence.* Retrieved from https://www.pewresearch.org/short-reads/2023/11/21/what-the-data-says-about-americans-views-of-artificial-intelligence

23. (*Digital Product Analytics, n.d.; Digital Data Design Institute at Harvard, n.d.*)

24. Impact Investing, J.P. Morgan https://www.impactinvesting.ai/2023/07/03/jpmorgan-chase-using-advanced-ai-to-detect-fraud

25. J.P. Morgan :https://www.jpmorgan.com/insights/payments/payments-optimization/ai-payments-efficiency-fraud-reduction

26. *Ocrolus :* https://www.ocrolus.com/blog/empower-business-solving-for-the-cost-of-human-error

27. *FEI Weekly :* https://daily.financialexecutives.org/human-errors-plague-financial-reporting

28. simense : https://blog.siemens.com/2020/12/understanding-and-managing-the-impact-of-new-technologies-on-workforce-skill-demands

29. (Siemens Press): https://press.siemens.com/global/en/pressrelease/generative-artificial-intelligence-takes-siemens-predictive-maintenance-solution-next

30. Intelligence Artificielle et Transhumanisme : https://iatranshumanisme.com/2017/03/18/une-ia-a-realise-360-000-heures-de-travail-en-quelques-secondes

31. *Beauty and the Bot: How Sephora Reimagined Customer Experience with*

_AI :_ https://www.cut-the-saas.com/ai/beauty-and-the-bot-how-seph ora-reimagined-customer-experience-with-ai#%3A~%3Atext%3DSk in%20tone%20analysis%3A%20ModiFace%20technology%2Cprovide %20an%20individualized%20shopping%20experience.

32. AWS : https://aws.amazon.com/solutions/case-studies/innovators/cap ital-one

33. HSBC: https://www.hsbcnet.com/gbm/global-utilities/privacy-data-p rotection

34. _Amazon Robotics impact in warehousing, Amazon official resources._: https://www.amazonrobotics.com

35. Robotic Steam : https://roboticsteam.com/teslas-robotics-revolution- transforming-the-automotive-industry

36. Electrek: https://electrek.co/2023/02/13/tesla-godzilla-robot-in-dept h-look-latest-electric-car-production-line

37. Cadre Dirigeant Magazine : https://www.cadre-dirigeant-magazine.co m/manager/comment-google-motive-et-fidelise-ses-collaborateurs

38. **McKinsey Global Institute Report** - _"The Age of Analytics: Competing in a Data-Driven World"_ (2016) : https://www.mckinsey.com/capabilities/ quantumblack/our-insights/the-age-of-analytics-competing-in-a-d ata-driven-world

39. _Silver, David et al., "Mastering the game of Go with deep neural networks and tree search," Nature, 2016:_ https://www.nature.com/articles/nature1 6961

40. _Global Human Capital Trends 2019: Leading the Social Enterprise—Reinvent with a Human Focus."_ : https://www2.deloitte.com/content/dam/insigh ts/us/articles/5136_HC-Trends-2019/DI_HC-Trends-2019.pdf

41. Gallup Global Workplace Report GenesisHR Solutions : https://genesis hrsolutions.com/peo-blog/employee-engagement-statistics

42. International Labour Organization: https://www.ilo.org/resource/arti cle/100-years-making-work-safer-and-healthier

43. Newsroom : https://www.salesforce.com/news/stories/new-report-sh ows-huge-rise-in-ai-automation-as-customer-employee-expectati ons-shift

44. Salesforce:https://www.salesforce.com/news/stories/how-salesforce-uses-ai

45. *RH Blog*: https://www.blog-rh.com/2024/03/10-ans-de-marque-empl oyeur/

46. *The Future of Jobs Report 2020 - Forum économique mondial*: https://ww w.weforum.org/publications/the-future-of-jobs-report-2020/

47. Accenture Talent initiative : https://www.accenture.com/content/dam /accenture/final/a-com-migration/pdf/pdf-135/accenture-ftp-infogr aphic.pdf

48. **The Total Economic Impact of Microsoft Teams as a Platform** : https://tec hcommunity.microsoft.com/blog/microsoftteamsblog/the-total-econ omic-impact-of-microsoft-teams-as-a-platform/3838181

49. *State of the Connected Customer, Salesforce:* https://www.salesforce.com/ ca/resources/research-reports/state-of-the-connected-customer/

50. *Le Monde :*https://www.lemonde.fr/blog/internetactu/2019/10/24/on-ne-peut-pas-se-fier-a-la-reconnaissance-de-lemotion

51. PwC: https://www.pwc.co.uk/issues/technology/immersive-technolog ies/study-into-vr-training-effectiveness.html

52. IBM HR Blog :https://www.ibm.com/blog/category/talent-and-human -resources/

53. *BMW AI Applications Report :* https://www.bmwgroup.com/en/news/gen eral/2023/aiqx.html

54. *GE Predictive Maintenance Solution:* https://fieldserviceusa.wbresearch.c om/ge-digital-iiot-technology-strategy-enable-predictive-maintena nce-help-oems-ty-u

55. Amazon Machine Learning and Supply Chain Optimization,2024,Shenz hen Xinhangdao, Dongguan, China, 523000

56. *McKinsey Digital Automation Report:* https://www.mckinsey.com/capabi lities/mckinsey-digital/our-insights/superagency-in-the-workplace-empowering-people-to-unlock-ais-full-potential-at-work

57. Slack : https://slack.com/resources/why-use-slack/slack-for-working -from-home

58. "Exploring the Impact of Artificial Intelligence on Work-Life Balance:

A Secondary Data Analysis"Parul Agarwal, Chandra prabhu jain college

59. *Sephora AI Chatbots :* https://www.chatbotguide.org/sephora-bot

60. *Salesforce Employee Benefits :* https://careers.salesforce.com/en/salesfo rce-stories/wellbeingbenefits/wellbeing-at-work-4-salesforce-empl oyee-benefits-explained/

61. *Amazon Employee Benefits:* https://www.aboutamazon.com/workplace/ employee-benefits

62. *Verecol:* https://vorecol.com/fr/blogs/blog-impacts-de-la-formation- professionnelle-sur-la-performance-des-entreprises-18103

63. **Bornet, Pascal.** *Intelligent Automation: Learn how to harness Artificial Intelligence to boost business & make our world more human.*

64. *Neuron Expert:* https://neuron.expert/news/jpmorgan-chase-is-giving -its-employees-an-ai-assistant-powered-by-chatgpt-maker-openai/ 8085/fr

65. *McKinsey & Company :* https://www.mckinsey.com/capabilities/people- and-organizational-performance/our-insights/the-boss-factor-maki ng-the-world-a-better-place-through-workplace-relationships

66. hermanmiller: https://www.hermanmiller.com/stories/why-magazine /work-in-process/

67. Generative AI boost can boost productivity without replacing workers, Stanford,December 14, 2023 | Katia Savchuk : https://siepr.stanford.ed u/news/generative-ai-boost-can-boost-productivity-without-replaci ng-workers

68. orsys-lemag : https://orsys-lemag.com/ia-banques-convergence-ent re-innovation-et-conformite/

69. journaldunet : https://www.journaldunet.com/intelligence-artificielle/ 1492981-meilleure-gestion-des-reclamations-dans-le-secteur-de-l- assurance-grace-a-l-ia/

70. martech.cloud : https://martech.cloud/martech/strategies-avancees- pour-recuperer-les-paniers-abandonnes-lia-au-service-de-la-conv ersion.html

71. delve.ai : https://www.delve.ai/fr/blog/ia-pour-le-marketing

72. reuters.com : https://www.reuters.com/technology/artificial-intellige

nce/spotify-expands-ai-playlist-feature-new-markets-including-us-canada-2024-09-24/

73. oracle.com : https://www.oracle.com/ch-fr/retail/ai-retail/

74. caducee.net: https://www.caducee.net/actualite-medicale/16442/l-intelligence-artificielle-au-service-du-depistage-precoce-du-cancer-du-sein.html

75. presse.inserm.fr: https://presse.inserm.fr/immunotherapie-combiner-les-donnees-pour-mieux-predire-lefficacite/69880/

76. stripe : https://stripe.com/fr/resources/more/how-machine-learning-works-for-payment-fraud-detection-and-prevention

77. lecho.be : https://www.lecho.be/dossiers/intelligence-artificielle/les-banques-vont-augmenter-leurs-depenses-dans-l-intelligence-artificielle/10506743.html

78. artec3d.com : https://www.artec3d.com/fr/cases/ai-powered-bridge-inspection

79. issa.int : https://www.issa.int/fr/analysis/artificial-intelligence-social-security-institutions-case-intelligent-chatbots

80. cloud.gov.in : https://cloud.gov.in/user/services_ai_vani.php

81. donorbox.org : https://donorbox.org/nonprofit-blog/fr/plateformes-fundraising-ia

82. eos.com: https://eos.com/fr/blog/retablissement-apres-des-catastrophes-naturelles/

83. Electreck : Tesla shows new 'Godzilla' robot and in-depth look at latest electric car production line

84. Cadre Dirigeant Magazine : Comment Google motive et fidélise ses collaborateurs

85. *"How General Electric Is Using AI to Power Its Future."* Forbes.

86. *"Google's AI Ethics Committee: What It Does and Why It Matters."* Wired.

87. *"Microsoft's AI Strategy: Building the Future One Step at a Time."* TechCrunch.

88. *"How Adobe Creates a Culture of Innovation."* Harvard Business Review.

89. *"How UPS Uses Artificial Intelligence to Optimize Deliveries."* UPS Pressroom.

90. *"JPMorgan's COIN Program Saves 360,000 Hours of Work."* Business Insider.

91. *"McDonald's Turns to AI to Help With Drive-Thru Orders."* The Wall Street Journal.

92. *"Sephora's AI Chatbot Increases Online Engagement."* TechCrunch.

93. *"Capital One Uses AI to Enhance Customer Experience."* Forbes.

94. *"HSBC's Approach to Data Security in AI Implementation."* Financial Times.

95. *"Procter & Gamble's AI Democratization Initiative."* MIT Sloan Management Review.

96. *"General Electric's Predictive Maintenance with AI."* Harvard Business Review.

97. *"Citizen Data Scientists in Financial Services."* Gartner Research.

98. *"Siemens' Use of Low Code for AI Solutions."* Forrester.

99. *"JPMorgan Chase's AI Governance Framework."* Harvard Business Review.

100. *"Microsoft's AI Governance Committee."* IEEE Spectrum.

101. *"Tesla's AI and Robotics Integration."* Wired.

102. *"IBM's Quantum Computing and AI Solutions."* MIT Technology Review.

103. *"Siemens' Predictive Maintenance with IoT and AI."* IndustryWeek.

104. *"MedRec: Blockchain for Healthcare."* MIT Media Lab.

105. *"IBM Watson: Combining AI Capabilities."* IBM Research.

106. *"Salesforce's API Integrations."* Forrester.

107. *"How AI is Transforming Data Centers."* Google Blog. *"Amazon's Use of AI for Product Recommendations."* Harvard Business Review. : https://hbr.org

108. *"Google AutoML in Action."* Google Cloud Blog.

109. *"GE's Predictive Maintenance with AI."* IndustryWeek.

110. *"OpenAI Codex: The Future of Coding."* OpenAI Blog.: https://openai.com/blog

111. *"The Role of IBM Watson in Healthcare."* IBM Blog.

112. *"Human-Machine Interaction: A Study by Sherry Turkle."* MIT Technology Review.: https://www.technologyreview.com

113. *"Amazon Alexa and the Future of Voice-Activated Assistants."* Harvard Business Review. : https://hbr.org

114. *"Automation in Amazon Warehouses."* The Verge.: https://www.theverge.com

115. *"Neuralink and Brain-Machine Interfaces."* Neuralink Blog.

116. *"GDPR and AI Ethics."* European Commission. : https://ec.europa.eu

117. *"AlphaGo: The Story of Google DeepMind's AI."* DeepMind Blog.

118. *"Self-Driving Cars: Reinforcement Learning and Its Applications."* MIT Technology Review.

119. *"Understanding Blockchain Technology."* IBM Blockchain Blog.

120. *"IBM Blockchain: Transforming Financial Transactions."* IBM.

121. *"M-Blocks: Self-Assembling Robots from MIT."* MIT News.

122. *"Swarm Robotics in Agriculture: Future Applications."* Journal of Agricultural and Food Chemistry.

123. *"LinkedIn Learning: Workplace Learning Report."* LinkedIn. : https://www.linkedin.com/learning

124. *"Google Data Analytics Professional Certificate."* Google.

125. *"IBM SkillsBuild Reignite Program."* IBM.

126. *"Google's 20% Time Policy."* Google.

127. *"World Economic Forum: Future of Jobs Report."* World Economic Forum.

128. *"DHL Annual Report."* DHL.

129. *"Accenture Skilling for the Future Report."* Accenture. :

130. *"Microsoft Teams Case Study: Pfizer."* Microsoft.

131. *"Salesforce State of the Connected Customer Report."* Salesforce.

132. *"HireVue AI-Powered Recruitment."* HireVue.

133. *"PwC The Effectiveness of Virtual Reality for Training."* PwC.

134. *"Workday Predictive Performance Management."* Workday.

135. *"BMW Vision Systems in Manufacturing."* BMW.

136. *"General Electric Predictive Maintenance with AI."* General Electric.

137. *"Amazon Machine Learning for Supply Chain Optimization."* Amazon.

138. *"McKinsey The Future of Work: Automation and AI."* McKinsey.

139. *"Stanford The Productivity Benefits of Remote Work."* Stanford.

140. *"Amazon Employee Profit-Sharing Programs."* Amazon.

141. *"OECD Investing in Skills Development."* OECD.

142. *"Union Européenne AI Regulations and Policies."* European Union.

143. *"Gouvernement du Canada Incentives for AI Adoption."* Government of Canada.

144. *"New Report Shows Huge Rise in AI, Automation as Customer, Employee Expectations Shift* (Newsroom,Salesforce,Salesforce).

145. Blog RH : *https://www.blog-rh.com/2024/03/10-ans-de-marque-emplo yeur/*

146. *The Future of Jobs Report* (2018) :https://www3.weforum.org/docs/WEF _Future_of_Jobs_2018.pdf

147. Roboticsteam : 8https://roboticsteam.com/teslas-robotics-revolutio n-transforming-the-automotive-industry/

148. Electreck : https://electrek.co/2023/02/13/tesla-godzilla-robot-in-d epth-look-latest-electric-car-production-line/

149. Cadre Dirigeant Magazine : https://www.cadre-dirigeant-magazine.c om/manager/comment-google-motive-et-fidelise-ses-collaborateu rs/

150. Mareket business: https://marketbusinessnews.com

151. Goodfellow, I., Bengio, Y., & Courville, A. (2016). *Deep Learning.* MIT Press.

152. Davenport, T. H., & Kirby, J. (2016). *Only Humans Need Apply: Winners and Losers in the Age of Smart Machines.* Harper Business.

153. Avasarala, V. (2017). *Robotic Process Automation and Cognitive Automation: The Next Phase.* Wiley.

154. Russell, S., & Norvig, P. (2016). *Artificial Intelligence: A Modern Approach* (3rd ed.). Pearson.

155. Delloitte(28/08/2023)

156. Étude sur l'IA : plus de 60% des personnes interrogées utilisent l'IA au travail, et près de la moitié des employés craignent de perdre leur emploi

157. Gartner: What's New in Artificial Intelligence from the 2022 Gartner Hype Cycle

158. Deloitte: Automation with intelligence, Combiner deux leviers de performance !

159. Yoomweb

160. *MSPoweruser*
161. *Ranktracker 01/2024*
162. Ocrolus : *Start Solving for the Cost of Human Error and Empower Your Business*